Tracey Lawson

Das Geheimnis von Campodimele

Rezepte für ein langes Leben

Aus dem Englischen
von Maria Mill

BLOOMSBURY BERLIN

2. Auflage 2012
Die Originalausgabe erschien 2011 unter dem Titel
A Year in the Village of Eternity. Timeless Tales from the Italian Table
by Bloomsbury Publishing plc, London
© 2011 Tracey Lawson
Für die deutsche Ausgabe
© 2012 Bloomsbury Verlag GmbH, Berlin
Alle Rechte vorbehalten
Umschlaggestaltung: Rothfos & Gabler, Hamburg,
unter Verwendung des englischen Originaldesigns mit einer
Fotografie von © Jason Lane
Typografie: Andrea Engel, Berlin
Gesetzt aus der Caslon 540
von hanseatenSatz-bremen, Bremen
Druck und Bindung: GGP Media GmbH, Pößneck
Printed in Germany
ISBN 978-3-8270-0830-5
www.bloomsbury-verlag.de

B L O O M S B U R Y
LONDON · BERLIN · NEW YORK · SYDNEY

Für meine Eltern Joan und George Lawson

Ein jegliches hat seine Zeit und alles Vornehmen unter dem Himmel hat seine Stunde …

Prediger 3,1

Inhalt

Die ewige Tafel

Kommen Sie im Frühjahr nach Campodimele, frühmorgens, wenn es noch kühl ist, obwohl sich die Sonne schon über die Aurunker Gipfel ergießt.

Sie finden das Dorf am Ende der Bergstraße, die sich schlangenlinienförmig an bewaldeten Felswänden entlang und durch frisch ergrünte Baumtunnel windet.

Parken Sie am Dorfeingang bei der Statue des Padre Pio, und wenn Sie einen Moment lang auf die Anfahrtsstrecke zurückblicken, können Sie im Talgrund die letzten Dunstschwaden abziehen sehen.

Nun nimmt man die hinter dem Dorf bergauf führende Abzweigung der Straße – der entlang die steinernen Hühnerställe stehen. Gut möglich, dass Sie dort einigen der Leute begegnen, die in diesem Buch eine Rolle spielen.

Gerardo vielleicht, der auf seinem altersschwachen Motorroller vorbeiflitzt, auf dem er nun schon so viele seiner neunundsiebzig Lebensjahre unterwegs ist. Maria, die auf ihren dreiundachtzigjährigen Beinen ihre Hennen den Hang hinaufscheucht. Oder Archimede, der seinen Ruhestand mit regelmäßigen Sieben-Kilometer-Läufen auf Bergpfaden verbringt.

Ein Stück weiter oben stößt man dann auf die Stadtmauer aus dem 11. Jahrhundert, die Campodimeles mittelalterlichen Kern, den *borgo*, umschließt. Direkt vor einem liegt eine überdachte Gasse, die durch diese Befestigungsmauer hindurchführt, und wenn man in die jahrhundertealten Schatten hinein- und dann irgendwann wieder daraus auftaucht, wird man schließlich auf die alte Piazza hinaustreten. Hier stehen über steinerne Treppen erreichbar mehrgeschossige Häuser, geschmückt mit roten Geranien, die kaskadenartig aus Terrakottatöpfen quellen. Schon jetzt sind die Haustüren aufgerissen, und Küchendüfte von Knoblauch, Basilikum und süßen Tomaten wehen ins Freie.

Wenn Sie am Haus mit dem Wandbild der Jungfrau Maria vorbeigehen und dann die geschwungenen Treppe hinabsteigen, liegt unter Ihnen der Hauptplatz der Stadt – wahrscheinlich bleiben Sie schon auf der ersten Stufe stehen, um die Aussicht zu genießen, die sich von steil abfallenden Rändern des Platzes bis ins Liri-Tal und zum Tyrrhenischen Meer hin erstreckt.

Sollte zufällig Mittwoch, also Markttag sein, könnten Sie auch Assunta begegnen, die womöglich gerade – aus den Zitrushainen des benachbarten Fondi stammende – Orangen kauft und deren strahlende Augen ihre dreiundsiebzig Jahre Lügen strafen. Vielleicht aber ist sie auch unterwegs, um auf den umgebenden Wiesen nach essbaren Wildpflanzen zu suchen. Oder Sie sehen Adalgesia, die den Wochenmarkt eher als geselliges Ereignis betrachtet, da sie auch mit inzwischen Mitte siebzig noch immer fast alle Nahrungsmittel für ihre Familie selbst anbaut.

Dies sind nur einige der Leute, die ich in Campodimele kennengelernt habe – jenem italienischen Dorf, das seine Besucher mit einem Schild willkommen heißt, auf dem unübersehbar sein Spitzname, ›*Il Paese della Longevità*‹, ›Das Dorf der Langlebigkeit‹ prangt.

Andere, darunter Wissenschaftler und Mediziner, haben Campodimele bekanntermaßen auch schon als ›*Il Paese dell'eterna Giovinezza*‹ – ›Das Dorf der ewigen Jugend‹ – bezeichnet oder, wie ich es bei mir noch lieber nenne, das Dorf der Ewigkeit.

Warum dies so ist? Nun, die Campomelani erfreuen sich derart guter Gesundheit und hoher Lebenserwartung, dass dies nicht nur die Aufmerksamkeit italienischer, sondern auch ausländischer Ärzte erregte.

Nach Angaben der Comune di Campodimele sind 111 von 671 Einwohnern des Dorfes zwischen 75 und 103 Jahre alt. Das heißt, dass – während ich dies hier schreibe – 16,6 Prozent der Bevölkerung über 75 sind. Die jüngsten, 2009 erhobenen statistischen Zahlen der Gemeinde zeigen, dass die durchschnittliche Lebenserwartung sowohl von Männern als auch Frauen 95 Jahre beträgt. Im Vergleich dazu werden italienische Männer im Durchschnitt 77,5, italienische Frauen 83,5 Jahre alt, während in der europäischen Union die Männer im Schnitt 75,6, die Frauen 82 Jahre erreichen. Und Campodimele hat schon außerordentlich viele Hundertjährige beherbergt.

Es waren solche Berichte, die mich überhaupt erst nach Campodimele führten. Damals war ich Zeitungsjournalistin im Vereinigten Königreich und recherchierte für einen Artikel über Lebensmittel, die möglicherweise Langlebigkeit begünstigten. Und immer wieder fand ich dabei Hinweise auf ein italienisches Dorf, von dem ich noch nie gehört hatte.

Je mehr ich über Campodimele las, umso faszinierter war ich. Bei vielen seiner Bewohner mit fortgeschrittenem Alter hatten Wissenschaftler ungewöhnlich niedrige Blutdruck- und Cholesterinwerte festgestellt; die Weltgesundheitsorganisation (WHO) hatte das Dorf im Rahmen seines MONICA-Projekts erforscht, einer Studie, für die man zur Erfassung von Entwicklungstrends bei Herz-Kreislauf-Erkrankungen weltweit Kommunen untersuchte.

Mehr als diese Befunde faszinierten mich jedoch die Beschreibungen der Dorfbewohner und ihres täglichen Lebens. Journalisten, die Campodimele besucht hatten, schilderten die betagten Campomelani als außergewöhnlich rüstig für ihr Alter – porträtierten Rentner, die Fahrrad fuhren, in den Bergen Ziegen hüteten, von früh bis spät auf dem Feld arbeiteten und fast all ihre Nahrungsmittel selbst anbauten. Reporter erzählten, wie über achtzigjährige Männer sich unter der Ulme auf der Piazza mit Kartenspielen die sonnigen Nachmittage vertrieben, während ihre Frauen sich bei den Hühnerställen trafen und ihr frisch gelegtes Abendessen einsammelten.

Der Anteil an Herzerkrankungen, Fettleibigkeit und Krebs sei, las ich, in Campodimele relativ niedrig.

Die Menschen, so schien es, durften sich nicht nur über ein längeres Leben freuen als viele andere in Europa. Wichtiger noch –

fand ich – war, dass sie sich offenbar auf ein gesünderes und aktiveres Alter freuen konnten als viele Menschen im Vereinigten Königreich.

Während ich in der Hektik meines großstädtischen Pendlerlebens in Großbritannien über Campodimele las, sehnte ich mich danach, auf der Dorf-Piazza zu sitzen, unter ihrer 300-jährigen Ulme Espresso zu schlürfen und mich an jener Lebensart zu erfreuen, die diesen Menschen zu einem so guten Leben verhalf. Denn, wie der irischer Satiriker Jonathan Swift einst schrieb: »Jeder möchte lange leben, aber niemand will alt sein«.

Und so bestieg ich im Herbst 2006 ein Flugzeug nach Rom und fuhr dann auf der halsbrecherischen Autostrada und den sich schlängelnden Bergstraßen Latiums weitere 160 Kilometer nach Süden, um meine eigenen Nachforschungen anzustellen.

Wie wenig ich damals über das Dorf wusste! Etwa auf halber Strecke zwischen Rom und Neapel gelegen, befand es sich ungefähr dreißig Minuten von der Küste entfernt in der Provinz Latina. Auf einem Felssporn im Nationalpark der *monti Aurunci* taumelnd, lag es 647 Meter über dem Meeresspiegel. So viel hatte ich der Website der Gemeinde entnommen.

Meine sonstigen Vorstellungen waren von meinen jugendlichen Reisen in den Norden Italiens und jener eigentümlich romantischen Verklärung inspiriert, mit der Engländer das italienische Leben betrachten – jener goldenen Vision pastoraler Utopien und kulturreicher Städte, die von den Werken E. M. Forsters, D. H. Lawrence' und Goethes genährt wurde. Schon der Name des Dorfes ist sinnträchtig – leitet sich vom lateinischen *campus mellis*, »Honigfeld« ab, denn dies war die Region, wo man einst Bienen züchtete, die den Honig an die Tafeln des Römischen Reiches lieferten.

Bei meiner Ankunft in Campodimele entdeckte ich tatsächlich das archetypisch italienische, ländliche Idyll; eine Gruppe von Steinhäusern, die hoch oben auf der sonnenverbrannten Bergspitze hockten; enge, gewundene Gassen, umgeben von türmchengeschmückten mittelalterlichen Mauern; eine Kirche aus dem 11. Jahrhundert mit hochaufragendem Glockenturm; und eine Piazza mit wahrhaft atemberaubendem Panoramablick über das darunterliegende Tal. Und überall um mich herum Evidenz für das, was mich hierhergeführt hatte – alte Bauern, die durch Olivenhaine kraxelten; alte Frauen, die Leitern bestiegen, um Trauben von den Reben an ihren Pergolen zu schneiden; Großmütter, die steile Gassen hinaufschritten und dabei auf ihren Köpfen Reisigbündel balancierten. Auch ein Herr von 103 Jahren kam mir unter, der sich eben zu seiner Mittags-Minestrone zu Tisch setzte.

Als mich Generale Aldo Lisetti, der damalige Bürgermeister von Campodimele, in seinem Büro im aprikosenfarbenen Rathaus empfing, erzählte er mir, dass die Gesundheit und Langlebigkeit seiner Wählerschaft wohl durch mehrere Faktoren gefördert werde, unter anderem die reine Bergluft und die relativ geringen Stresswerte des Landlebens. Und vielleicht, sinnierte er, erfreuten sich manche Bewohner auch einer besonderen Veranlagung zu einem langen Leben. Doch wie alle anderen Dorfbewohner, mit denen ich sprach, war auch er der Ansicht, dass es da noch einen weiteren Faktor gebe: die Ernährung.

»Frisches, saisonales Obst und Gemüse, die ohne chemische Dünge- und Insektenvernichtungsmittel erzeugt werden«, meinte Lisetti. »Und nur wenig Fleisch und Fisch, auf einfache Weise zu Hause zubereitet.« Und dieser Teil der Gleichung, nämlich was die Leute hier essen, interessierte mich am meisten, war der Faktor, der mich vor allem zu dieser Reise nach Campodimele veranlasst hatte.

Die Frage, was Italiener essen, erforsche ich inzwischen seit mehr als zwanzig Jahren auf die schönstmögliche Weise, indem ich in Italien lebe und reise, die Sprache lerne und in meiner eigenen Küche tagein, tagaus italienisch koche.

In Italien und in alles, was es verkörpert, verliebte ich mich schon als Kind während unserer Familienurlaube im Norden des Landes, die mich mit den schwindelnd hohen Dolomiten und dem schwülen, sinkenden Venedig bekannt machten. Schon damals wusste ich, dass ich Italiens lyrische Sprache erlernen wollte, war überzeugt, dass ich eines Tages in einer der Touristenfallen an Venedigs Markusplatz sitzen und Kaffee und Törtchen auf Italienisch bestellen würde. (Von den astronomischen Preisen dort hatte ich mit elf noch keine Ahnung.)

Mein Romanistikstudium führte dazu, dass ich einmal einen ganzen Sommer lang in der Toskana Englisch unterrichtete, und während der vier Monate verwandte ich meinen einzigen freien Wochentag darauf, diese verführerische Landschaft kreuz und quer zu durchstreifen, um die Schätze der Städte Florenz, Siena, Lucca und Pisa zu erkunden. Die Museen und Altertümer der Toskana, ihre Zypressenhaine und Sonnenblumenfelder bedürfen keiner Einführung, ebensowenig wie ihre legendär baufälligen Steinvillen inmitten von Olivenhainen, die Briten schon seit langem zu einem neuen Leben unter italienischer Sonne verlocken.

Doch gleich zu Beginn jenes Sommers wurde mir auch klar, dass – wie faszinierend die großen Attraktionen Italiens auch sein mögen – es die Nebensächlichkeiten des italienischen Alltags womöglich noch mehr sind: die Dinge, die die Italiener essen, der Wein, den sie trinken; die Bars, in denen sie ihren frühmorgendlichen Espresso kippen, und die Familien-Trattorias, in denen sie speisen; die Morgenmärkte, auf denen sie die frischesten Früchte und Gemüsesorten fürs Mittagessen einkaufen, und die *alimentari*, die man noch immer an jeder Ecke findet und wo man die besten Käse- und Brotsorten, Salamis und Oliven zum Improvisieren einer leichten Abendmahlzeit kaufen kann. Natürlich dauerte es nicht lange, bis ich begriffen hatte, dass solche Dinge ganz und gar nicht nebensächlich sind – vielmehr machen sie die Essenz des italienischen Lebensstils aus, sind sie das Fundament, auf dem sich der Tag eines Italieners aufbaut; der Herzschlag, der für seine Seele so entscheidend ist, dass er Mühe hat, irgendeinen anderen Lebens- und Essstil überhaupt zu begreifen.

Sogar in einer Zeit, in der Italien zu den reichen, industriell und kommerziell entwickelten Ländern gehört, finden viele seiner Bürger in vielen seiner Städte immer noch Zeit, sich eine zweistündige Pause fürs Mittagessen zu gönnen. Und ob man es daheim oder im Restaurant einnimmt, Italiener verlangen und erhalten die besten Zutaten, servieren sie oft auf die schlichteste Weise, bei der die

Vollkommenheit jedes Aromas durchs Ganze hindurchscheint. Immer wieder staune ich über die einfachen Köstlichkeiten der italienischen Küche. Die Art, wie sich ein paar Eiertomatenscheiben und *mozzarella di bufala* lediglich mit ein paar Spritzern Olivenöl, einigen frischen Basilikumblättern und etwas frisch gemahlenem schwarzem Pfeffer in eine göttliche Mahlzeit verwandeln lassen. Man serviert diesen klassischen Salat mit einem Stück Vollweizenbrot und einem Glas Rotwein und hat eine ernährungsphysiologisch derart ausgewogene und gesunde Mahlzeit, wie man sie sich nur wünschen kann. Und in fünf Minuten steht sie auf dem Tisch.

Diese einfache Philosophie, die frischesten saisonalen Zutaten mit der schlichtesten Zubereitung zu kombinieren, hat im Laufe der letzten beiden Jahrzehnte mein gesamtes Kochrepertoire inspiriert. Doch von den Verdiensten der italienischen Küche einmal abgesehen, weiß ich, dass ihr Platz in meinem Herzen auch darauf zurückzuführen ist, dass sie sich so gut mit einem anderen langjährigen Interessengebiet von mir verbinden lässt: der Rolle der Nahrung als Präventivmedizin und den gesundheitlichen Vorzügen der Mittelmeerdiät.

Ich verfüge über keine wissenschaftliche Ausbildung, bin weder Medizinerin noch Ernährungswissenschaftlerin. Als bekennende Laiin mit lebhaftem Interesse an Ernährungsfragen treibt mich die instinktive Überzeugung, dass das Bemühen, uns mit den richtigen Lebensmitteln zu ernähren, eine sehr viel vernünftigere Methode zu Wohlbefinden und gesundem Körpergewicht ist, als sich auf schnelle Modediäten zu fixieren. Und während es kaum – falls überhaupt – Belege dafür gibt, dass chemisch nur wenig belastete Biolebensmittel besser für uns sind als solche aus konventioneller Landwirtschaft, hat es mir dennoch stets eingeleuchtet, dass die Minimierung der chemischen Belastung in unserer Nahrungsmittelkette besser für unsere Gesundheit sein muss als ihre Verstärkung durch industrielle Anbau-, Verarbeitungs- und Konservierungsmethoden.

Diese unkomplizierte Denkweise speist sich aus meiner Erfahrung in italienischen Küchen, wo es sogar einen Begriff für solche

Lebensmittel gibt: *cibo genuino*. Obwohl sich der Ausdruck mit »unverfälschte Nahrung« übersetzen lässt, glaube ich nicht, dass diese zwei Worte auch nur annähernd wiedergeben, was *cibo genuino* für die Menschen in Campodimele bedeutet.

Denn *cibo genuino* steht (ein wenig wie die deutsche Naturkost) für eine allumfassende Philosophie – eine Achtsamkeit gegenüber Nahrungsmitteln, die erfordert, dass Obst und Gemüse auf eine Weise angebaut, geerntet, zubereitet und serviert werden, dass dabei jedes Glied der Kette – das Land, das Produkt, die Menschen, die es verzehren, und die Umwelt – respektiert wird.

Solche Agrarprodukte werden idealerweise ohne alle chemischen Hilfsmittel angebaut, auf dem Höhepunkt ihrer Reife geerntet, vor Ort, frisch und einfach zubereitet und verzehrt. Zwar isst man sie am besten in der Saison, doch sie können auch außerhalb davon konsumiert werden und dennoch als *cibo genuino* gelten. So lange nämlich, wie dabei lediglich natürliche oder nichtchemische Konservierungsmittel und -methoden zum Einsatz kommen: Salz, Zucker, Öl, Essig, Einfrieren, Einkochen oder Vakuumverpacken.

Kurzum, *cibo genuino* stellt die Antithese zur Fertigmahlzeiten- und E-Nummern-Kultur dar, die die alltäglichen Essgewohnheiten so vieler Leute in den westlichen Industrieländern in ihrem Würgegriff hält und nach Ansicht vieler zu unseren hohen Raten an Herzerkrankungen, Fettleibigkeit, Diabetes und Krebs beiträgt.

Die campomelanische Ernährungsweise dagegen verkörpert – bereits seit Jahrhunderten – geradezu den Inbegriff von *cibo genuino*. Für einen großen Teil der Menschen hier gilt noch immer: *fanno il contadino*. Das heißt, sie halten in größerem oder kleinerem Umfang an der kleinbäuerlichen Lebensweise fest. Für viele bedeutet dies, dass sie einen großen *orto*, einen neben dem Haus liegenden Gemüsegarten, bestellen, wo sie das ganze Jahr über saisonale Früchte und Gemüse anbauen, während sie einem Vollzeiterwerb in landwirtschaftsfernen Branchen nachgehen. Andere Leute, darunter viele Rentner, aber *fanno il contadino* in Vollzeit – das heißt, sie bauen ihren eigenen Weizen für das Brot an, halten sich eine Ziege für den Käse, kultivieren eine rebenüberrankte Pergola für ihren Wein, säen, ernten und züchten fast alles, was auf ihrem Esstisch landet, mit eigenen Händen.

Fast all diese Nahrungsmittel werden wie seit Jahrhunderten produziert und konsumiert: auf Flächen, die mit natürlichem tierischem Dünger und ohne Pestizide fruchtbar gemacht wurden. Man pflückt sie täglich oder wöchentlich von Hand und verzehrt sie binnen Stunden nach der Ernte, so dass sie einen Großteil ihres Vitamin- und Mineralstoffgehalts bewahren. Und sie werden schnell und einfach zubereitet – gegrillt, gebraten, gekocht oder roh verzehrt. Bei zeitweisen Überschüssen an frischem Obst und Gemüse aus dem *orto* kann man Hausfrauen bei Einkoch-Marathons erleben, um ja nichts verkommen zu lassen. Auberginen werden *sott'olio*, in Öl, eingelegt, Paprikaschoten in Essig; aus dem Obst wird Marmelade gekocht; und die Gläser werden auf die Regale der *cantini* und *magazzini* gestellt, der Keller und Speicher, die hier ganz wesentlich zum zyklischen Muster des bäuerlichen und kulinarischen Jahres gehören.

In welchem Maße aber trägt die Reinheit und die Palette der hier verzehrten Lebensmittel zum beneidenswerten Wohlbefinden und dem langen Leben der Campomelani bei, wenn es das denn überhaupt tut? In Zahlen lässt sich dies nicht wiedergeben.

Pietro Cugini, Professor für Innere Medizin an der römischen Universität La Sapienza und Wissenschaftler der Akademie Lancisi in Rom, hat mehrere Studien zur Gesundheit der Campomelani durchgeführt. Er hat die biologischen Rhythmen und den Blutdruck dreier Generationen langlebiger Familien überwacht und Aspekte ihrer Lebensweise wie etwa ihre Arbeits- und Bewegungsgewohnheiten untersucht. Seine Studien bezogen sich auch auf die Einnahmezeiten der Mahlzeiten – die regelmäßigen, für viele bäuerliche Kulturen typischen Zeitraster – ebenso wie auf Essgewohnheiten, wie etwa den Konsum von Makro- und Mikronährstoffen, Salzaufnahme, Genuss von Kaffee und Alkohol der gesamten Bevölkerung, von den Zehnjährigen bis hin zu den über Hundertjährigen.

Professor Cugini hält genetische Merkmale für 30 Prozent der langen Lebenserwartung verantwortlich. Die restlichen 70 Prozent lassen sich mehreren anderen Faktoren zuschreiben – dem Lebensstil der Campomelani und dessen starkem Gleichlauf mit den geophysikalischen Zyklen (Aufstehen bei Sonnenaufgang, Zubettgehen bei Sonnenuntergang), reichlich körperlicher Bewegung bis ins hohe Alter; dem milden Klima der Aurunker Berge, wo Luftverschmutzung ein Fremdwort ist; und natürlich der auf »unverfälschter, natürlicher Kost« beruhenden Ernährung und den Ernährungsgewohnheiten. All das führt zu Blutdruckwerten, die beträchtlich unter dem italienischen Durchschnitt liegen.

Auch wenn sich die Rolle der Ernährung bei der Langlebigkeit unmöglich genau beziffern lässt, beschreibt Professor Cugini die Campomelano-Kost als *ipermediterraneo* – als hypermediterran. Damit ist sie Beispiel für eine Ernährungsweise, die – nachdem die UNESCO sie inzwischen als Teil des kulturellen Erbes der Menschheit anerkannt hat – ganz allgemein als eine der gesündesten der Welt gilt.

Die Campomelani essen jede Menge Hülsenfrüchte – Borlottibohnen, Kichererbsen, *cicerchie*, eine regionale Hülsenfrucht, ebenso wie *scalogno (Ascalonia caepa)*, eine Zwiebelart, die besonders reich an Antioxidantien ist und von den alten Römern aus der Stadt Ashkelon in Israel eingeführt wurde. Die in Italien auch *carne dei poveri*, »Fleisch des armen Mannes« genannten Hülsenfrüchte sind reich an Proteinen, aber frei von Cholesterin, das die Gesundheit von Herz und Gefäßen beeinträchtigen kann.

Signifikant in der Ernährung der Campomelani, meint Professor Cugini, sei auch der Mangel an Rindfleisch und Molkereierzeugnissen. Compodimele liegt in den Bergen, bietet also ideale Weiden für Ziegen und Schafe, nicht aber für Kühe. Folglich spielen Rindfleisch und Butter, die einen relativ hohen Anteil an gesättigten Fetten enthalten, in der hiesigen Küche traditionell nur eine untergeordnete Rolle. Fleisch liefern eher die Hühner, die viele Familien ihrer Eier wegen halten und deren Fleisch dank der Freiheit, die die Vögel beim Erkunden von Straßen und Hügeln genießen, sowohl mager als auch relativ cholesterinarm ist. Darüber hinaus bringen Jäger auch die in den Bergen lebenden Wildschweine und Hasen auf den Tisch, die ebenfalls relativ mageres Fleisch liefern.

Verglichen mit den meisten anderen Berggemeinden, hebt Professor Cugini hervor, verzehrten die Campomelani – dank der Nähe des Dorfes zum Tyrrhenischen Meer – relativ große Mengen an Fisch – *pesci azzurri*, »azurblaue Fische«, wie die Italiener ölige Fischsorten, zu denen Sardinen und Sardellen zählen, romantischerweise bezeichnen. Diese sind reich an Omega-3-Fettsäuren, die der Herzgesundheit förderlich sein sollen.

Der Salzanteil in der Ernährung ist relativ niedrig – nur etwa vier Gramm pro Tag gegenüber den sechs Gramm der von zahlreichen westlichen Gesundheitsbehörden empfohlenen Tagesmenge. Und hohe Mengen an Salz sowie an dessen Bestandteil Natrium werden natürlich mit hohem Blutdruck assoziiert, der das Risiko eines Herzinfarkts oder Schlaganfalls erhöhen kann.

Und selbstverständlich ist die Kost der Campomelani auch reich an zwei weiteren Bestandteilen, die gleichsam als Synonym der italienischen Tafel gelten: Olivenöl extra vergine (kaltgepresstes Olivenöl aus der ersten Pressung), reich an einfach ungesättigten Fetten, und dem einheimischen Rotwein, der reich an Polyphenolen ist, wobei vermutlich beide, die ungesättigten Fette und die Polyphenole, das Herz schützen. Darüber hinaus hat Professor Cugini herausgefunden, dass der Konsum von Kaffee, Wein, Bier und Schnaps sehr gering zu veranschlagen ist, ebenso wie das Rauchen und der Verzehr von Süßigkeiten.

Kurz, wollten wir uns vornehmen, eine Kost zur Förderung von Gesundheit und Langlebigkeit zu entwerfen, bei der in der westlichen Hemisphäre weitverbreitete Lebensmittel zum Einsatz kämen, so könnte sich diese durchaus an die Essgewohnheiten der Campomelani anlehnen. Deren Mahlzeiten beginnen typischerweise mit dem *primo*, dem ersten Gang, bestehend aus einer kohlenhydratreichen eierlosen Pasta namens *laina*, die häufig nur mit Öl und Gemüse angemacht wird, und der ein *secondo*, ein Hauptgang aus proteinreichen Bohnen oder anderen Hülsenfrüchten, aus Fisch oder magerem Hühnchen, begleitet vom *contorno*, der Gemüsebeilage, folgt. Nach dem Hauptgericht gibt es stets *insalata*, Salat, um den Gaumen zu reinigen – vielleicht einen schlichten grünen Salat, erst Minuten zuvor aus dem *orto* geholt – und anschließend Käse, etwa aus der Milch von Bergziegen hergestellter Ricotta oder *mozzarella di bufala*, den man in den Nachbargemeinden Itri, Lenola und Fondi produziert. Zuletzt wird noch pflückfrisches Obst oder zu besonderen Anlässen auch ein kleines *dolce* oder Dessert gereicht. Dies alles wird von einer mäßigen Menge an Rotwein begleitet und nicht etwa in gesättigtem tierischem Fett, sondern Olivenöl gegart.

Doch obgleich die Vorzüge der Campomelano-Küche kaum zu übersehen sind, lässt sich nicht leugnen, dass auch zahlreiche andere Faktoren zum guten Gesundheitszustand und der langen Lebenserwartung der Bewohner beitragen.

Die Tendenz etwa, den Boden zu bearbeiten, hebt Professor Cugini hervor, bedeute, dass die Menschen ein körperlich sehr aktives Leben führten – und immer geführt hatten –, ein Faktor, der, so Cugini, zweifellos für die Gesundheit eine Rolle spiele.

Darüber hinaus seien die alten Menschen hier auch weiterhin sehr gesellig, viele genössen die Unterstützung der Großfamilie und den unkomplizierten täglichen Kontakt, den eine kleine, eng miteinander verwobene Gemeinschaft, ein lebendiges Gemeindeleben und ein sonniges Klima zu bieten vermögen, welches Bewegung im Freien ebenso begünstigt wie jene durch und durch italienische Veranstaltung – die *passegiata*, den allabendlichen Spaziergang um die Piazza. Zunehmend erkennen Experten die Rolle aktiver Sozialstrukturen für die Förderung eines gesunden Alters an.

Davon abgesehen glaubt Professor Cugini jedoch auch, dass einige der Einwohner einfach von einer Veranlagung zur Langlebigkeit profitieren – ein Schluss, zu dem er nach Durchführung einer Studie über Blutdruckmuster unter alten Bewohnern, ihren Kindern und Enkeln gelangte. Die Untersuchung wurde gemeinsam mit Professor Franz Halberg von der Universität Minnesota im Rahmen von dessen Projekt *From Womb to Tomb* (Vom Mutterleib bis zum Grab) durchgeführt. Nachdem Professor Cugini den Blutdruck von mehr als neunzig älteren Dorfbewohnern über einen Zeitraum von vierundzwanzig Stunden systematisch erfasst hatte, stellte er fest, dass der Durchschnittswert bei den alten Menschen mit den gesunden

Blutdruckwerten sehr viel jüngerer Menschen vergleichbar war. Und auch ihre Nachkommen wiesen auffällig günstige Blutdruckwerte auf.

Wenn man Professor Cugini über die ungezwungene Geselligkeit der Campomelani, ihre wunderbare *cucina* und ihre *disponibilità* sprechen hört – ihre Bereitschaft nämlich, denen zu helfen, die ihren Lebensstil studieren möchten –, ist seine Zuneigung zu Campodimele und seinen Menschen unüberhörbar. Rund um den Globus, betont er, gebe es viele Gemeinden, die sich höherer Langlebigkeitsraten rühmen könnten als Campodimele, doch das Dorf stelle einfach ein ideales Beispiel dar, weil ein so großer Anteil seiner Bewohner ein sehr ähnliches Leben führte und sich auch auf ähnliche Weise ernährte.

Und genau dies – nämlich was die Leute hier essen – fasziniert mich nach wie vor. Zwar hat mich Campodimele zunächst mit seinem Beinamen als ›*Paese della Longevità*‹ geködert, aber dabei nährten nicht die Ernährungsstatistiken meine wachsende Zuneigung. Nein, was mich hier begeistert und hinreißt, ist der Überfluss und die saftige Frische der Erzeugnisse, die schlichte Logik der saisonalen Essgewohnheiten und die Einfachheit, mit der man alles zubereitet.

Dies, verbunden mit der Schönheit der Landschaft und der überwältigenden Großzügigkeit und Herzlichkeit der Menschen, veranlasste mich, nach Campodimele zu kommen und hier zu leben, um das landwirtschaftliche und kulinarische Jahr des Dorfes zu dokumentieren. Und dabei ist mir der Wert eines solchen von den Jahreszeiten bestimmten Lebens – dessen ich mir nach Jahrzehnten des Großstadtlebens und des Einkaufens in Supermärkten gar nicht mehr bewusst war – erst richtig aufgegangen. In einer Gemeinde, deren Rhythmen vom bäuerlichen Jahreskreis und dem Kirchenkalender diktiert werden, ist dies zwar leicht nachzuvollziehen, dennoch aber glaube ich inzwischen, dass vieles von dem, was ich hier erlebte, auch in ein Großstadtleben außerhalb Italiens übertragbar ist – besonders im Hinblick auf das Essen. Und wenn vielleicht auch nicht durch Anbau unserer eigenen Lebensmittel, so vielleicht, indem wir biologisch angebaute Produkte ausfindig machen, frische, erntereife

Erzeugnisse zubereiten und jahreszeitliche Überschüsse auf natürliche Weise konservieren, um sie in den Folgemonaten zu genießen; indem wir den rechtmäßigen Stellenwert der Nahrung in unserem Leben respektieren, die nicht etwa ein zu vernachlässigender Brennwertlieferant ist, sondern ein Grundpfeiler unseres Wohlbefindens und Vergnügens; indem wir uns in der unklaren Dynamik des Großstadtlebens eine Perspektive schaffen, uns Zeit lassen, innezuhalten und das Essen zu feiern, Monat für Monat, Woche für Woche, Tag für Tag – nicht nur die großen religiösen Feiertage, sondern auch die kleinen *sagre*, die Danksagungen bei Tisch: das ausschweifende Essen während des Karnevals, die fleischlosen Tage der Fastenzeit, die ersten Kirschen im Frühjahr, Mandarinen im Dezember – die oft weit entfernt von den Straßen unserer Großstädte heranreifen, uns jedoch ebenfalls daran erinnern, dass der Kreislauf der Natur sich weiterbewegt, dass alles vergeht.

Ich kam nach Campodimele mit der Hoffnung, vielleicht zu lernen, wie man länger lebt, entdeckte jedoch etwas sehr viel Entscheidenderes – nämlich wie man besser lebt. Im Zuge dessen durfte ich die Freundschaft und Gastfreundschaft vieler Menschen genießen. Erwähnen möchte ich inbesondere Generale Aldo Lisetti, Paolo Zannella und Roberto Zannella – nacheinander Bürgermeister von Campodimele – sowie den gegenwärtigen stellvertretenden Bürgermeister Alessandro Grossi (der übrigens als Sohn italienischer Eltern in England zur Welt kam). Die unermüdliche Arbeit dieser Männer in der Leitung der Comune di Campodimele sowie ihr Engagement für ihr Dorf haben dazu beigetragen, es in der ganzen Welt bekannt zu machen. Eine Fremde wie mich in ihrem Dorf aufzunehmen, erforderte großes Vertrauen und immense Großzügigkeit.

Das Buch erzählt nicht die Geschichte eines einzigen Jahres in seinem chronologischen Ablauf, sondern besteht aus einer Sammlung von Geschichten, die in fast drei Jahren zusammenkamen. Möglich wurde es nur dank der grenzenlosen Güte und Hilfsbereitschaft sämtlicher Bewohner Campodimeles – der *contadini*, die mir zeigten, wie sie ihr Land bewirtschaften, der Frauen, die mir die Türen ihrer Küchen und Speisekammern öffneten und mich mit einem Vertrauen und einer Gastfreundschaft an ihre Tische einluden, die wirklich überwältigend waren. Ich hoffe, dass die Campomelani ihr Dorf in diesem Buch stimmig und zutreffend beschrieben finden und sich in den Geschichten, die ich über sie erzähle, wiedererkennen. Für das, was sie mir gegeben haben – ihr ungewöhnliches Rezept für ein langes und gut gelebtes Leben – werde ich ihnen nie genug danken können.

Tracey Lawson
2010

Januar

Der Baum des Lebens

Hier beginnt alles. In den Olivenhainen, an den Berghängen, in den ersten Tages des neuen Jahres.

Der Januar ist kaum geboren, und ein großer Teil der Landschaft wirkt leblos: die schwarze, feuchte Erde; die schneebestäubten Gipfel; die Holzkohlefinger der Bäume, die am bleiernen Himmel kratzen.

Der feuchte Atemhauch des Windes flüstert etwas von einem Sturm heute Nacht, und droben auf der Bergspitze kauert Campodimele. Reihen ocker- und aprikosenfarbener Häuser drängen sich um die graue Steinkirche. Die Stadtmauer aus dem 11. Jahrhundert umschließt den historischen Kern. Man sieht weder Licht in den Fenstern noch Rauchschwaden in der frühnachmittäglichen Luft. Zu dieser Stunde, dieser Jahreszeit wirkt das Dorf, als sei es in tiefen Schlaf gesunken und warte darauf, dass auch ein tausendster Winter vergehe.

Doch hier unten in den Olivenhainen pulsiert das Leben. Die Bäume wirken wie Böen silbriggrüner Wirbel und flimmern, während sie mit dem Wind tanzen. Die Oliven sind purpurne Juwelen, reif und prall vom Öl.

Mehr als alle anderen Früchte erzählt die Olive von der Sonne: von trägen Mittagessen unter schattigen Lauben an milden Tagen in südlichen Breiten, Nachmittagen an Tischen, überladen mit in Olivenöl eingelegten, benetzten, gegarten Gerichten, jungen Artischocken, die im Frühling in Öl konserviert wurden, gegrillten roten Paprikaschoten, die in grüngoldenen Pfützen liegen, frischen Eier-

Frittatas mit ihrer ölknusprigen Kruste. Speisen, die das Öl der Olive zum Leben erweckt für diese durch und durch italienischen Mahlzeiten, mit denen man geruhsame Sonntage, Familienfeiern, sommerliche *sagre* begeht.

Doch für die Bewohner Campodimeles beginnen diese Mahlzeiten, diese sonnengesättigten Momente hier. In der Kälte des Winters, auf den Hangterrassen, mit dem Einbringen der Olivenernte.

»*Niente medicinale*«, sagt Maria, fährt über einen fedrigen Olivenzweig und hält mehrere der amethystfarbenen Früchte in der Hand. Hier werden »keine Medikamente« verwendet, sagt sie und meint damit, keinerlei chemische Düngemittel.

Wir befinden uns in ihrem Olivenhain in den Aurunker Bergen, unterhalb der Mauern Campodimeles. Der Nachmittag galoppiert, aufgescheucht von Wolken aus dem Osten, Richtung Abend, doch die Olivenpflücker arbeiten weiter.

Dies ist der fünfzehnte Tag von Marias Olivenernte. Das erzählt sie mir selbst. Und weitere zehn liegen noch vor ihr – oder auch mehr, falls sie durch den Regen Zeit verliert. Ein Monat auf dem Feld in der kältesten Jahreszeit, das ist eine der schlimmsten Arbeiten in der Landwirtschaft. Doch es ist eine Arbeit, zu der sich Marias Familie alljährlich zusammenfindet, denn keine Ernte ist wichtiger als diese. Das Öl dieser Oliven wird den Grundton jedes Gerichts bestimmen, das Maria in den bevorstehenden zwölf Monaten zubereiten wird. Zum Garen, als Würze oder Konservierungsmittel wird es ihrem selbstangebauten Gemüse, dem Fleisch der von ihr aufgezogenen Tiere, dem von ihren Männern erjagten Wild Leben einhauchen.

Maria bückt sich, um eine Handvoll der heruntergefallenen Oliven vom Bodennetz aufzuheben, und betrachtet sie, während ihr gemustertes Kopftuch im böigen Wind flattert. Dann lächelt sie – ein Lächeln, bei dem ihre Augen funkeln, als ob sie schon jetzt wisse, dass das diesjährige Öl besonders gut werden wird, es ihr Freude machen wird, damit zu arbeiten.

»*Un anno sì, un anno no*«, sagt sie. »Ein Jahr ja, ein Jahr nein.« Olivenbäume tragen nur jeden zweiten Winter. So dass man Bäume braucht, die jetzt Oliven tragen, und andere, die es zwölf Monate später tun, falls man denn jedes Jahr einen frischen Ölvorrat haben will.

Vor mehr als fünfzig Jahren hat Micheles verstorbener Vater diesen Hain gepflanzt, indem er mit bloßen Händen Stufen aus den Kalkfelsen schlug. Heute ernten drei Nachkommengenerationen des alten Mannes dessen Vermächtnis: Michele und Maria, ihre Kinder Pasquale und Assunta, Pasquales Frau, die junge Maria, sowie Assuntas Tochter Michela.

In mancher Hinsicht verläuft die Ernte wie seit Jahrhunderten. Die Frauen lachen und schwatzen, während sie die unteren Äste mit einer Art Handrechen »abkämmen«, so dass die Oliven herunterpurzeln. Sie schaufeln sie in kleine Säcke, die Michele an seinem Muli festschnallt – bis heute das einzige Transportmittel, das die terrassierten Hänge zu erklimmen vermag. Doch auch hier dringen neue Technologien vor. Das Heulen eines *motorino*, eines elektrischen Rotorflügels, den Pasquale in diesem Jahr zum ersten Mal ausprobiert, um die höchsten Äste abzuernten, übertönt das Rascheln der Blätter.

Und nun sieht man Michele weiter oben am Berg, das schreiende Maultier an einer Hand, das Handy in der anderen, mit jemandem von der Ölmühle, dem *frantoio*, telefonieren, um in Erfahrung zu bringen, wann seine Ladung gepresst werden kann.

Am Ende der Olivenhaine, wenn man die Hänge weiter hinaufkraxelt, findet man Eichenwälder und während der kälteren Monate ein wenig Schnee. Wandert man entlang der Serpentinenstraßen nach unten, erreicht man das Tyrrhenische Meer. Campodimele liegt 647 Meter über dem azurblauen Gewässer und etwa eine halbe Autostunde landeinwärts. Und genau deswegen ist sein Öl so hervorragend.

»*Isolati*«, nennt Paolo di Fonzo die Olivenhaine des Dorfes, »isoliert« – wie der mittelalterliche Kern Campodimeles, als sich dort zum ersten Mal Menschen niederließen. Die kreisrunden Mauern seines *borgo* boten Schutz vor Angriffen. Bis zu den nächsten Siedlungen sind es mehrere Kilometer.

Heute wirken all diese Faktoren zusammen, um Campodimeles Olivenhaine vor einer modernen Plage zu bewahren: vor *la mosca dell'olivo*, der Olivenfliege. Denn die kühle, trockene Luft behagt dem Insekt nicht, dessen Larven sich von den Olivenfrüchten ernähren und in wärmeren Gegenden bekanntlich schon ganze Ernten vernichtet haben. Sollte sich *la mosca* aber in den heißeren Küstenstädten einnisten, so bietet die gewellte Landschaft der *montagni Aurunci* und deren Windmuster eine natürliche Barriere gegen das Vordringen der Fliege.

»*Campodimele è un oasi*«, sagt Paolo. Das Dorf sei eine Oase für Oliven. Und deswegen kann man die Oliven hier *senza trattamenti*, ohne Chemie, anbauen. Nur eine Handvoll von Bauern hält es für nötig, Pflanzenschutzmittel zu versprühen – erzählt Paolo, Präsident der Associazione Laziale Frantoi Oleari, des Verbandes der Ölmüller Latiums. Und bei jenen, die es täten – meint er –, handle es sich eher um eine Vorsichtsmaßnahme als um echte Notwendigkeit.

Ebenso wichtig für die Qualität des Öls ist der tierische Naturdünger, den jeder Bauer vorzugsweise von den eigenen Nutztieren bezieht.

All diese Faktoren zusammen genommen garantieren dem Öl Campodimeles höchstmögliche Reinheit. Ich würde dafür gern das Wort *biologico* verwenden. Doch *biologico* ist hier die Norm, ja so normal, dass man diesen Begriff in Campodimele eigentlich nie zu hören bekommt. Die Menschen hier verwenden ein anderes Wort, um ihre Erzeugnisse zu beschreiben: *naturale*.

Maria hat mich in ihre *cantina* eingeladen – jenen Raum in italienischen Häusern, der eine Kombination aus Speisekammer und Lagerraum darstellt: kühl und dunkel in der Hitze des Sommers, trocken und geschützt während der Wintermonate. Die Olivenernte ist eingebracht, und in der Mühle wurde das Öl gepresst. Eine Schinkenkeule hängt zum Lufttrocknen von einem Balken herunter. Rotwein schlummert in grünen Glasflaschen. Ein silbriges Fass beherrscht eine Seite des Raums. Michele beugt sich hinunter, um am Zapfhahn zu drehen, und wie flüssiges Licht fließt das Öl ins Dunkel der *cantina*.

Das dekantierte Olivenöl quillt über den Rand des gläsernen Flaschenhalses und bedeckt meine Finger. Es schmeckt, wie die Berge an einem warmen Sommertag riechen – fruchtig, grasig, vielleicht nach einem Hauch von Kräutern. Es hat auch die Farbe der Aurunker Berge – grün mit einer Grundierung aus verblichenem Gelb. Sein Geschmack ist stark, ausgeprägt, so intensiv, dass es jedem Gericht Aroma verleihen wird, dass es selbst als Zutat fungiert und nicht nur als Garmittel. Es handelt sich dabei ausnahmslos um Olivenöl der Güteklasse extra vergine, auch natives Olivenöl extra genannt – also Öl mit einem Säuregehalt von weniger als einem Prozent, die höchste Auszeichnung, die ein Olivenöl erhalten kann.

Schon seit Ewigkeiten kultivieren Maria und Micheles Familien auf diesen Hügeln Oliven, erzählt sie mir, und ich begreife, dass die Ernte jedes Winters, jeder Spritzer und jeder Tropfen Öl auf Pfanne oder Teller eine direkte Verbindung zu den vorhergegangenen Generationen darstellt, ein goldener Faden, der sich durch all die Jahre zieht und sie mit einer Tradition verbindet, die älter ist als Menschengedenken.

Und noch eine andere hochbesetzte Sache ist hier im Spiel, die des *cibo genuino*, »der echten, unverfälschten Nahrung«, erzeugt mit Achtung vor der Scholle, auf der sie wächst, den Tieren, von denen sie stammt, ebenso wie dem unergründlichen Wirken der Natur. »*Tutta roba nostra*«, sagt Maria und weist mit einer Handbewegung durch die *cantina* – und dies ist ein weiterer Ausdruck, den man hier täglich zu hören bekommt: »Alles selbst erzeugt.«

Maria und Michele bewirtschaften das Land ganzjährig und produzieren so fast ihren gesamten Bedarf an Nahrungsmitteln. In ihrem *orto* hinter dem Haus stehen Feigen- und Walnussbäume. Ihr *terreno*, ihr Land, bringt Tomaten, Erbsen und Bohnen, Zwiebeln und Kartoffeln hervor. Sie halten Hühner wegen der Eier und ein Schwein sowie Kaninchen als Fleischlieferanten. Auf der flachen Talsohle bauen sie Weizen an, aus dem das Mehl gemahlen wird, aus dem Maria wiederum ihr Brot backt. Und an den Hängen kultivieren sie Oliven zur Ölgewinnung.

Naturale. Cibo genuino. Roba nostra. Dies sind die entscheidenden Prinzipien, nach denen man in Campodimele Nahrungsmittel erzeugt und zubereitet. Sie zu achten heißt, den Reichtum zu begreifen, den sie für die Küche bedeuten – und zu akzeptieren, dass die einen ganzen Monat dauernde Olivenernte in schneidender Winterkälte letztendlich jede Mühe lohnt.

Olivi ai finocchietti – Oliven mit Wildfenchelsamen

Wilder Fenchel wächst an den Feldern und in den Hecken Campodimeles, und seine Samen bilden einen süßen Kontrast zur Salzigkeit der Oliven. Die zerstoßenen Samen duften intensiv, und ein paar wenige reichen weit.

2 oder 3 Handvoll eingelegte grüne Oliven
4 große Knoblauchzehen, geschält und mit dem Messer zerdrückt
Einige Prisen wilde Fenchelsamen, leicht zerdrückt
Einige Prisen zerdrückte getrocknete rote Chilischote
1 kräftiger Schuss Olivenöl extra vergine

Alle Zutaten in eine Schüssel geben und gründlich vermischen.

Mindestens 12 Stunden ziehen lassen und dabei häufig umrühren, dann bei Raumtemperatur als Antipasto servieren.

Insalata condita – Klassisch angemachter Salat nach Art von Campodimele

Fast zu jeder Mahlzeit gibt es in Italien frischen grünen Salat – und zwar nach dem *secondo* und vor Käse und Obst. Statt das Dressing anzumischen, ehe man es zu den Salatblättern gibt, wie es die Franzosen häufig tun, träufeln und streuen die Italiener die Zutaten einfach über die Blätter. Ein Schuss Öl, ein Spritzer Essig, ein bisschen Salz, abschmecken, *e pronto* – auch darin spiegelt sich die Schlichtheit der campomelanischen Küche wieder.

1 Handvoll grüne Salatblätter pro Person
Olivenöl extra vergine
Weißweinessig
Feines Meersalz

Die Salatblätter waschen und mithilfe einer Salatschleuder überschüssiges Wasser entfernen – haftet zu viel Wasser an den Blättern, wird das Dressing zu stark verwässert.

Die Blätter in eine Schüssel geben, dann etwas Olivenöl darübergießen – so dass die Blätter leicht davon überzogen sind.

Nun den Salat mit einigen Tropfen Essig beträufeln und mit etwas Salz bestreuen.

Behutsam vermischen, so dass sich das Dressing gleichmäßig verteilt, probieren und eventuell nachwürzen.

Pinzimonio – Rohes Gemüse mit Olivenöltunke

Das Folgende ist wohl kaum als Rezept anzusehen, sondern eher als wunderbar zwangloser Einstieg für ein Essen mit Familie und Freunden, das wie so viele Gerichte aus Campodimele nur ein Minimum an Vorbereitung verlangt.

Eine Auswahl roher Saisongemüse wie Bleichsellerie, Möhren, rote und
  gelbe Paprikaschoten oder Frühlingszwiebeln
1 kleine Schüssel Olivenöl extra vergine
1 kleine Schüssel Weißweinessig
1 Salzstreuer mit feinem Meersalz
1 kleine Schüssel zerdrückte getrocknete rote Chilischote

Das Gemüse in Stifte oder Streifen schneiden und zusammen mit den Schälchen, die jeweils Olivenöl, Weißweinessig, Salz sowie zerdrückte Chilischote enthalten, auf einer Servierplatte anrichten.

Jeder Gast gibt zunächst ein wenig Salz und Chili auf seinen Teller, häuft dann die gewünschten Crudités darauf und tunkt die Gemüsestäbchen zunächst ins Öl, dann in den Essig und schließlich in das Salz und den Chili auf seinem Teller.

Ein Schwein für alle Jahreszeiten

»Ein Jahr lang fütterst du das Schwein, dann schlachtest du es«, sagt Leana und fährt sich mit der Hand über die Kehle. »Und dann füttert das Schwein ein Jahr lang *dich*.«

Die Ausgewogenheit dieser Gleichung, die unsentimentale Logik dieser Worte ist ein schönes Bild für das Verhältnis der Campomelani zu Nahrungsmitteln: für die Auffassung nämlich, dass man immer nur so viel herausbekommt, wie man vorher hineingesteckt hat; die Akzeptanz der Tatsache, dass *ogni cosa ha il suo momento* – alles seine Zeit hat.

Es ist Ende Januar, einer der kältesten Tage des Jahres bisher und die Phase *della luna calante*, des abnehmenden Monds also – drei Dinge, die in Campodimele, wenn sie zusammenfallen, seit jeher den richtigen Zeitpunkt zur Schlachtung des Familienschweins anzeigen.

»Als ich noch klein war, bin ich auf dem Schwein wie auf einem Pony geritten«, erinnert sich Leana. »Und dann hat mein Vater es geschlachtet, unterm Torbogen, auf der Straße da vorm Haus. Es hat mir immer leidgetan um das Tier – aber was konnte ich tun? Und dann haben wir es gewaschen, aufgehängt, zerteilt und – *salsicce* gemacht.«

Salsicce ist das italienische Wort für »Würste« und campomelanischer Ausdruck für Würste, die aus rohem Fleisch gemacht und danach luftgetrocknet werden. *Salsicce* gehören zu den geschätztesten *Caserecci*-Produkten aus Campodimele, das heißt Nahrungsmitteln, die *a casa*, daheim, hergestellt werden. In dieser ersten Woche des abnehmenden Monds haben bereits einige Haushalte ihre selbstgezogenen, mit Eicheln gemästeten Schweine genau so geschlachtet, wie Leana es erinnert. Momentan salzen sie, als ersten Schritt für die Herstellung von luftgetrocknetem Prosciutto, die Hinterkeulen ein und pökeln den Bauchspeck, um schön durchwachsenen *pancetta* zu erhalten. Doch für die Tierhaltung benötigt man Zeit und Platz, so dass heute viele Familien kein eigenes Schwein mehr mästen, sondern ihr Fleisch stattdessen vom Metzger ihres Vertrauens beziehen. Immer noch aber lassen sie es sich nicht nehmen, ihre eigenen *salsicce* zu machen und einzulegen.

Und genau das tun wir heute: Leana, Irma, Adelia, Assunta, Margherita und ich. Leanas Haus schmiegt sich – auf halber Höhe einer Steintreppe – an die Dorfmauer. Ihr Mann Gerardo ist in diesem Haus geboren, und es befindet sich seit mehr Generationen, als er zurückzählen kann, im Besitz seiner Familie: In dieser Küche macht man also bereits seit Jahrhunderten luftgetrocknete Würste.

Die Herstellung der diesjährigen Partie begann gestern Abend mit der Anlieferung des Fleischs. In den letzten zwei Tagen war das Wetter perfekt: kalt genug, um zu gewährleisten, dass das Fleisch unter hygienischen Bedingungen verarbeitet werden kann; trocken genug, um zu garantieren, dass das rohe Fleisch nicht von der feuchten Luft verdorben wird.

In riesigen Stücken traf das Fleisch ein, und mit ordentlich Fett dabei, damit die Wurst schön feucht und schmackhaft bleibt. Leana zerkleinerte die fünfzig Kilo in ein Zentimeter große Würfel und vermischte sie anschließend mit den traditionellen Gewürzen. *Peperoncino*, scharfe Chilischote, ist in dieser Gegend, in die der schwarze Pfeffer erst noch vordringen muss, die Schlüsselzutat. Als *petartela* bezeichnet man im campomelanischen Dialekt die getrockneten, zerdrückten Koriandersamen, die schon von den alten Römern zur Konservierung von Fleisch verwendet wurden. »*A chi piace*«, meint Leana, als ich sie frage, wie viel von jedem Gewürz man pro Kilogramm Fleisch hinzufügen müsse: »Wie du magst.« Ich höre diesen Ausdruck oft, und zunächst finde ich die damit verbundene Auskunft ungeheuer frustrierend – wie soll ich denn ohne genaue

Maßangaben der Kräuter und Gewürze, die in jedem Gericht verwendet werden, die wunderbaren Aromen aus diesen Küchen wiedererschaffen? Doch bald erkenne ich die befreiende Wirkung – jede Köchin in jedem Haus bereitet jedes Gericht nach ihrem eigenen Gusto zu oder dem der Familie, für die sie kocht. Nur selten gibt es eine richtige oder falsche Menge – lediglich einen ungefähren Hinweis darauf, wie viel es gemäß persönlichen Vorlieben und Verfügbarkeit sein könnte.

Folglich hat Leana *peperoncino* und Koriandersamen *allocchio*, das heißt »nach Augenmaß«, hinzugefügt. Wenn man sie bedrängt, beschreibt sie die Menge als *»un bel po«*, »schon ordentlich«. Dies sind zwei weitere unspezifische Maßangaben der Küchen Campodimeles. Allerdings ist die Maßangabe für das Salz – 30 g pro Kilogramm Schweinefleisch – absolut präzise, weil Salz nicht nur als Gewürz hinzugefügt wird, sondern auch wegen seiner Konservierungskraft.

Nachdem man das Fleisch über Nacht hat durchziehen lassen, ist es so weit fertig, und man fügt auf jeweils zehn Kilogramm noch ein großzügig bemessenes Glas Weißwein hinzu, um zu starkes Austrocknen der *salsicce* zu verhindern. Irma hat ihre *Salsiccia*-Maschine über die regennasse Piazza und die Steintreppe zu Leanas Haus hinaufgeschleppt. Es handelt sich dabei um einen Metallzylinder mit tüllenartigem Ende, der samt Handkurbel auf einem rot emaillierten Rahmen ruht. Das Wurstmachen kann beginnen.

Margherita wäscht die Schweinedärme, die uns als Wursthüllen dienen werden, schiebt die Enden der milchweißen, meterlangen Schläuche über den Wasserhahn und lässt das Wasser hindurchlaufen. Leana und Irma füllen den Metallzylinder mit dem gehackten, gewürzten Fleisch und setzen ihn auf den roten Rahmen. Adelia zieht ein Ende des Darms über die Tülle und verknotet das andere mit einem Stück Schnur. Irma betätigt die Kurbel, und schon gleitet das Fleisch durch die Tülle und in die Wursthaut. Während sich die Pelle füllt, sticht Leana immer wieder mit einer Sicherheitsnadel hinein, damit eingeschlossene Luft entweichen kann. Ist der Darm dann gefüllt, hält Assunta die Wurst fest, während Adelia Schnüre zuschneidet und damit die Wurst in regelmäßigen Abständen abbindet.

50 Kilogramm Wurst stellt Leana her: 15 Kilo für die eigene Familie; 5 für Adelias Tochter; 20 für Gigino, dessen Tochter Gina mit Leanas Sohn Nino verheiratet ist; und 10 für eine Freundin. *Salsicce al fegato* aus Schweineleber und anderen Innereien hat sie schon gemacht; diese Wurst, als lokale Spezialität geschätzt, ist in letzter Zeit nur noch schwer zu bekommen. Jede der heutigen Partien wird mit andersfarbiger Schnur abgebunden, weil jede – *a chi piace* – mit einer anderen Gewürzmischung abgeschmeckt ist.

»*Siediti*«, fordert Lena mich auf. »Setz dich.« Sie führt mich zu einem Stuhl neben dem Ofen. Dann wirft sie eine Handvoll Schweinefleischwürfel in eine kleine Pfanne, rührt um und kippt sie auf einen Teller. »*Buona per sale?*«, fragt sie und drückt mir eine Gabel in die Hand. »Genug Salz?«

Das Fleisch ist zart, fest und saftig, durch den *peperoncino* würzig-pikant und zeichnet sich durch eine leichte koriandrige Hintergrundnote und reichlich Salz aus. Von irgendwoher taucht ein Glas Rotwein auf, und nun hält Leana ein Messer an einen Brotlaib, den sie aus dem Weizen ihrer eigenen Getreidefelder geknetet und in ihrem Holzofen gebacken hat. »*Mangia, mangia!*«, drängt sie mich, eine Aufforderung, in der wieder einmal die unendliche Gastfreundschaft der Italiener zum Ausdruck kommt: »Iss, iss!«

Doch diese Würste sollen keine *salsicce fresche* werden, keine frischen Würste, die man auf dieselbe Weise zubereitet, dann aber gart und sofort verzehrt. Diese hier werden luftgetrocknet, dann *sott'olio* eingelegt und im Laufe der nächsten zwölf Monate gegessen.

Früher waren solche Konservierungsmethoden unumgänglich, ja überlebenswichtig – eine Möglichkeit, die Stücke des wertvollen Schweins haltbar zu machen, als Fleisch noch ein seltener Luxus, aber auch ein geschätzter Proteinlieferant war. Heute ist es eine bewusste Entscheidung, weniger inspiriert von der romantischen Idee, eine Tradition zu bewahren, als vom Wunsch, Lebensmittel ohne chemische Zusatzstoffe, also *cibo genuino*, zu genießen.

Leana balanciert eine blaue Plastikschüssel mit Würsten auf dem Kopf und macht mir ein Zeichen, ihr eine Steintreppe hinauf in eine zweite Küche zu folgen, um dann wieder nach unten zu eilen und weitere Würste zu holen. Ein abgeschabter Ast schwebt horizontal unter der Decke, an ihm wird man die Würste aufhängen. Der offene Kamin in der Ecke, in dem bereits Reisig und Äste zum Anzünden aufgeschichtet sind, wird mehrere Wochen lang ein schwaches Feuer beherbergen, damit die Luft einerseits trocken genug wird, um die Würste zu dörren, andererseits aber nicht so heiß, dass sie die Würste verdirbt. Das schwache Aroma des Holzrauchs dringt durch die Häute in sie ein.

Wie viele Wurstkilometer wohl über die Jahrhunderte in diesem Raum getrocknet wurden?, frage ich mich, als ich plötzlich ein metallisches Schaben höre. Leana und Assunta zerren eine zwei Meter lange Aluminiumleiter die Steintreppe herauf. Assunta ist dreiundsiebzig, Leana siebenundsechzig, und obwohl ich nur etwa halb so alt bin wie sie, würde es ihnen nicht im Traum einfallen, mich um Hilfe zu bitten. Einen Augenblick später steigt Leana auf die Leiter und befestigt eine weitere Partie Würste unter der Decke. Dann übernimmt Gerardo, zwei Jahre älter als sie, ihren Platz und hängt Wurstkranz um Wurstkranz über den Ast. Nach dem Trocknen wird man die Würste in Gläsern mit Olivenöl einlegen und in kühlen, dunklen Kellern lagern.

Das ganze Verfahren nimmt etwa drei bis vier Wochen in Anspruch, wobei allerdings nur wenig aktive Arbeit damit verbunden ist. Für die nächsten zwölf Monate aber werden vier Familien einen tafelfertigen Vorrat an Wurst in ihren Speisekammern stehen haben. Man schneidet sie in Scheiben und serviert sie als Antipasti oder gibt sie ins *ragù*, einer köstlichen Sauce aus verschiedenen Fleischsorten. Leana wird Gerardo vielleicht bitten, rasch ins kühle Dunkel ihrer *cantina* hinunterzusteigen und ein Glas *salsicce* heraufzuholen, die sie dann mit blättrigen *broccoletti* für eine schnelle und einfache Pasta-Sauce sautiert. Eine Art Fastfood im Slow-Style, denke ich mir, während er den letzten Wurstring aufhängt, von der Leiter steigt und sich anschickt, das Feuer zu entzünden.

Salsiccia piccante – Luftgetrocknete pikante Wurst

Das Luftrocknen von Wurst ist eine althergebrachte Kunst und setzt einige entscheidende Dinge voraus, um sowohl das Ranzigwerden der Wurst als auch das Risiko einer Lebensmittelvergiftung auszuschließen. Alle Geräte und Oberflächen müssen steril sein, die Schweinsdärme aus einer verlässlichen und hygienischen Quelle stammen. Die Würste müssen bei kühlen Temperaturen hergestellt und dann mehrere Wochen lang in einem kühlen, feuchtigkeitsfreien, von einem schwach brennenden Holzfeuer erwärmten Raum luftgetrocknet werden.

Das folgende Rezept ergibt acht Würste, aber wenn man sich schon die Mühe macht, Schweinedarm und eine Wurstfüllmaschine aufzutreiben und die eigenen Würste lufttrocknet, kann es sich durchaus lohnen, auch die fünffache Menge davon herzustellen und einige davon in Öl einzulegen.

1 kg Schweinefleisch und Schweinefett, gemischt (etwa 70 Prozent Fleisch
*   und 30 Prozent Fett), grob zerkleinert*
1 knapper TL gemahlener scharfer Chili
1 knapper TL gemahlener Koriander
30 g feines Meersalz
50 ml guter trockener Weißwein
2 m gesäuberter Schweine- oder Kunstdarm, zum leichteren Hantieren in
*   70 cm lange Stücke geschnitten*
2 m feine Wurstschnur, in etwa 15 cm lange Stücke geschnitten
Eine Wurstfüllmaschine oder einen Spritzbeutel mit weiter Tülle
Metallspieße

Am Vorabend der geplanten Wurstherstellung Schweinefleisch und -fett mit Chili, Koriander, Salz und Weißwein vermischen. Eine Salzmenge von 30 g auf ein Kilo Fleisch mag zwar nach viel klingen, doch da das Salz eine ganz wesentliche Rolle für die spätere Haltbarkeit der luftgetrockneten Wurst spielt, sollte man keinesfalls knausern und dafür sorgen, dass es gleichmäßig im Fleisch verteilt wird. Das Fleisch abdecken und über Nacht wenigstens zwölf Stunden im Kühlschrank durchziehen lassen.

Die Schweinedarmabschnitte in eine große Schüssel geben. Ein Stück herausnehmen, einen Trichter in ein Ende des schlauchartigen Darms schieben, dann 2 l kaltes Wasser hindurchlaufen lassen und das am anderen Ende herauskommende Wasser wegschütten. Mit den Fingern am Darm entlangfahren, um möglichst viel Wasser herauszustreichen. Mit den anderen Darmstücken genauso verfahren.

Nun ein Stück Schnur um eines der offenen Enden jedes Darmstücks binden, um es zu verschließen. Besitzt man eine Wurstfüllmaschine, die Wurstmasse gemäß Anleitung des Herstellers hineingeben und die Därme mit der Fleischmasse füllen. Bei Verwendung eines Spritzbeutels ein Ende des Darmstücks an der Spritztülle befestigen und den Darm füllen, indem man die Fleischmasse in Richtung des verschnürten Endes hinunterdrückt. Mit den anderen Darmstücken ebenso verfahren; beim Füllen kann es unter Umständen angebracht sein, hin und wieder die gefüllten Wurstpellen mithilfe von Metallspießen (oder hölzernen Cocktailspießchen) einzustechen, damit Luftblasen entweichen können. Sind die Därme gefüllt, sie in Abständen von etwa 12 cm mit Schnüren abbinden und auch das offene Ende mit der Schnur verschließen.

Sobald alles Fleisch zu Würsten verarbeitet ist, die Wurstkränze in einem kühlen, trockenen Raum mit offener Feuerstelle aufhängen. Das Feuer entzünden; dafür lediglich Holzspäne beziehungsweise Reisig verwenden – hat man Eichenholz zur Verfügung, um so besser. Das Feuer sollte glimmen und den Raum mit Rauch erfüllen, um den Würsten Geschmack zu verleihen, und es sollte eine gewisse Wärme erzeugen, um sie zu trocknen. Während dieser Trocknungszeit – die in der Regel drei bis vier Wochen dauert – muss das Feuer durchgehend brennen.

Am besten vergewissert man sich mit eigenen Augen, ob die Würste auch wirklich getrocknet sind. Sie sollten geschrumpft sein,

die Häute faltig, und das Fleisch muss – wenn man die Würste auf-
schneidet – fest und glänzend sein. Wie lange dieser Trockenprozess
letztlich dauert, hängt ganz und gar vom ursprünglichen Feuchtig-
keitsgehalt des Fleischs und der Dicke der Würste ab.

Luftgetrocknete Würste können sofort gegessen werden – ob als
Antipasti in Scheiben geschnitten oder auch als *secondo*. Gut ver-
packt – etwa in Pergamentpapier – halten sie sich im Kühlschrank
ein bis zwei Wochen lang, trocknen dabei jedoch weiter aus, so dass
man sie rasch verzehren sollte.

Übrige Würste können *sott'olio* konserviert werden. Ein Marmela-
denglas mit Deckel, in das zwei, drei Würste passen, sterilisieren, die
Würste hineingeben, dann bis zum Rand mit Olivenöl auffüllen, Deckel aufschrauben und bis zur Verwendung an einem kühlen, dunklen Ort aufbewahren. Sorgfältig getrocknete Würste halten sich auf
diese Weise bis zu einem Jahr.

Ergibt etwa 8 Würste.

Salsiccia fresca piccante alla brace –
Frische pikante Wurst, über Holzkohle gegart

Diese Würste sind aus denselben Zutaten hergestellt wie die luftgetrockneten, werden aber gleich nach dem Füllen gegart und sofort verzehrt. Weil sie nicht haltbar sein müssen und Schweinefleisch schon von Haus aus recht salzig ist, benötigt man dafür nur einen Bruchteil des Salzes, der bei der luftgetrockneten Version erforderlich ist. In Campodimele werden diese Würste häufig *alla brace* zubereitet, also über der Glut eines Holzfeuers – dem Vorläufer unseres heutigen Gartengrills – gegart.

Eine Portion Wurstbrät, zubereitet nach dem Rezept für luftgetrocknete Wurst auf Seite 41, wobei man jedoch statt 30 g Salz nur einige kräftige Prisen nach Geschmack hinzufügt.

Wer das Glück hat und einen offenen Herd oder Kamin besitzt, sollte etwa 1 Stunde vor dem Servieren einige Scheite entzünden und zu Holzkohle herunterbrennen lassen. Wenn man einen Grill verwendet, ihn entsprechend der Anleitung des Herstellers vorbereiten.

Die *salsicce* auf eine Grillpfanne legen, auf den Grill setzen und unter häufigem Wenden garen.

Ergibt etwa 8 Würste.

Februar

Der Berg gibt dir alles

La montagna ti da tutto. Der Berg gibt dir alles.

Das ist ein Satz, den man hier häufig zu hören bekommt, aber ich musste ziemlich lange in Campodimele leben, ehe ich seine Bedeutung ermaß. In jedem Augenblick und zu jeder Jahreszeit liefert der Berg alles das, was man wirklich braucht, das absolut Notwendige.

In vergangenen Zeiten versprach dieser Gipfel einmal Schutz, weswegen es zur Gründung Campodimeles kam. Umwandern Sie das Rund seiner Befestigungsmauern aus dem 11. Jahrhundert, zählen Sie dabei die zwölf Wachtürme, und Sie sehen, was der mittelalterlichen Wächter sah.

Die Bergwälder ringsum bieten Brennstoff – Eichen und Buchen, um die Backöfen und Holzherde zu befeuern, auf denen hier nach wie vor viel gekocht wird. Und Wasser gibt es auch – in den tiefen Brunnen, die das Dorf bereits vor unseren modernen Zeiten versorgten.

Darüber hinaus bieten die Aurunker Berge ihren Bewohnern Raum – grasige Hänge, an denen man Ziegen und Schafe weiden kann. Land, das sich zu Oliventerrassen ausmeißeln und zu Äckern für Weizen planieren lässt.

Doch auch unkultiviert strotzt der Berg vor Nahrung: Es finden sich hakenschlagende Hasen und Wildschweine während der kälteren Monate, Walderdbeeren im Frühling und Pilze im Herbst; Thymian und Minze und auch wilder Fenchel zum Würzen der Speisen oder Kamille, die das Einschlafen erleichtert. Suchet, und der Berg wird euch geben.

»Du musst nur wissen, wo du suchen musst«, meint Assunta, als wir bei *le galline*, der Ansammlung von Hühnerställen hinter dem Dorf, wo die Hennen leben, neben Assuntas wackligem Hühnerhaus den Hang hinunterrutschen. Aber im Grunde geht es dabei weniger um das Wo als um das *Wie* – weiß man die Flora und Fauna des Berges erst einmal zu deuten, sieht man, dass es überall Nahrung gibt.

In Assuntas Hühnerstall war ich schon so oft, dass ich mich kaum mehr an jedes einzelne Mal erinnern kann – und zwar in jedem Monat des Jahres; doch erst in den letzten zwei Wochen sind mir die dünnen, grünen, gezackten Blätter aufgefallen, die wir heute pflücken. Im Januar muss ich darauf herumgetrampelt sein. Sie waren einfach nur ein Grünzeug unter vielem am Hang. Dass es sich dabei um *verdure* handelte – essbares Blattgemüse –, ahnte ich damals nicht.

Das Wort *verdure* leitet sich von *verde*, »grün«, ab, und obwohl es auch als Allgemeinbegriff für Gemüse verwendet wird, dient es meist als Sammelbezeichnung für die gekochten Blätter, die man so häufig als *contorno* serviert. Die Vielfalt an *verdure* ist hier unendlich, und jede Jahreszeit hat quasi ihre eigenen Blattgemüse, an denen man sie erkennt und von denen einige in den *orti* angebaut, andere in der Wildnis gesammelt werden.

Im Frühling wachsen auf den Wiesen saftige *cacciaalepre*, *pilosella* und *crispino*, wilde Blätter und Gräser, deren Namen sich kaum übersetzen lassen und die man einzeln pflückt, um daraus zusammen mit Kartoffeln die so hübsch benannten *patate pazze* – »bekloppte Kartoffeln« – zu kochen. Im Sommer liefert der *orto* Spinat und *scarola*, den stachligen, bitteren Salat, den man klassischerweise zur Minestrone hinzufügt.

Doch erst wenn es allmählich kühler wird, dominieren die *verdure* die Landschaft. Das Kaleidoskop des sommerlichen *orto* bleicht aus und lässt nur die tiefen Grüntöne zurück. Der Herbst bringt die ersten *broccoletti*, unter denen nicht etwa Brokkoli, sondern die Blätter von Rüben zu verstehen sind und die man auch unter den Bezeichnungen *cime di rapa* oder *rapini* kennt, ebenso wie *bietola*, Mangold oder *cavoli neri*, jene Schwarzkohlköpfe, die wie Zufallsskulpturen auf den nun fast leeren Äckern hocken.

Das kalte Wetter bringt jenes Blatt mit sich, nach dem wir heute suchen.

»*Cicoria!*«, sagt Assunta und reißt das Grünzeug aus dem Boden. Das ist nicht etwa Chicorée, wie man vielleicht vermuten könnte, und die Blätter haben auch keinerlei Ähnlichkeit mit dem gelben belgischen Gemüse, sondern es handelt sich um die wilde Urform davon, die Zichorie oder Wegwarte.

Früher, als man wenig Geld hatte, bildeten Wildpflanzen und -tiere eine wichtige Ergänzung der *cucina povera*. Und obwohl sich die Zeiten doch sehr gebessert haben, sammeln und jagen viele Dörfler auch heute noch, wie sie es immer getan haben.

»Weil es sie gibt«, meint Assunta und nennt die klassische Begründung, die vielleicht auch ein Kletterer anführen würde, um zu erklären, warum er den Faggetto oder einen der anderen hinter Campodimele aufragenden, beschneiten Gipfel besteigen will.

Nach und nach hat Assunta mir beigebracht, allerlei essbare Gebirgspflanzen zu erkennen. Von ihr habe ich zum ersten Mal von *tagne*, der Frittata Campodimeles, gehört, die aus einer besonderen Mischung wilder Blätter zubereitet wird, die man mit ein wenig Mehl, Olivenöl und Salz vermischt. Italienische Frittatas enthalten gewöhnlich verschlagene Eier, und ihr Fehlen in diesem Gericht ist ein Beweis dafür, wie arm diejenigen, die sich einst von der *cucina povera* ernährten, tatsächlich waren.

Meine Lehrzeit in Sachen Wildpflanzen begann eines Maimorgens in meinem ersten hiesigen Frühjahr, als ich die Dorfbewohner bei ihrer alljährlichen Wallfahrt nach La Civita begleitete, dem Heiligtum der Madonna della Civita, das 14 Kilometer von Campodimele entfernt auf einem der Aurunker Gipfel thront. Zu Fuß brachen wir um sechs Uhr morgens auf, die Luft war noch feucht und kühl und zerteilte sich bei Einsetzen der Hitze in Nebelschwaden. Während wir bergab wanderten, hörte ich plötzlich rasche dumpfe Schritte hinter mir, drehte mich um und erblickte Assunta, die uns – trabend – einzuholen versuchte. Später dann, als sie sich gerade überlegte, wie viele Male sie die Wallfahrt schon zu Fuß gemacht hatte – sechzigmal, wenn nicht gar öfter –, verließ sie plötzlich die Straße und verschwand im Unterholz. »*La tagne!*«, rief sie und schnappte nach dem dünnen Faden einer Kletterpflanze, bei der es sich, wie ich später feststellte, um *clematis vitalba*, die »Echte« oder auch »Gemeine Waldrebe«, handelte. Die, wie es heißt, in größeren Mengen genossen giftig ist, in kleinen Portionen und gründlich gegart aber harmlos zu sein scheint.

Aussunta erzählte mir, dass sie zu Hause noch mehr *tagne* habe. Ob ich sie nicht mal probieren wolle? Und so machte sie mir, nachdem wir die 14 Kilometer nach La Civita gewandert, die Messe gefeiert und per Anhalter wieder nach Hause gefahren waren, eine jener Frittatas, von denen ich schon so viel gehört hatte. Sie wusch dazu einfach die *Tagne*-Ranken, kochte sie und goss sie ab, hackte sie dann grob, versetzte sie mit Olivenöl und etwas Salz und hob ein wenig fein gemahlenes Mehl unter. Diese Masse drückte sie in der Pfanne glatt und briet sie *piano, piano* – sachte, sachte –, und wir genossen sie heiß und knusprig. Ihr grasiges Kräuteraroma war anders als alles, was ich bis dahin gegessen hatte.

Die Zichorien, nach denen wir heute Ausschau halten, sind Blätter, die Assunta schon ihr ganzes Leben lang sammelt. Gerade jetzt, erzählt sie mir, würden sie erst richtig gut, seien jung und zart, so dass sie herrlich bittersüß schmeckten. Sie lässt sie in einer der Plastiktragetaschen verschwinden, die hier alle für den Fall eines Zufallsfunds am Straßenrand stets bei sich zu haben scheinen, und zuckt dann die Achseln. Das war's auch schon. Bleibt uns nur noch, die Zichorienblätter zu waschen und dann in Salzwasser zu kochen, bis die Stängel bissfest sind. Danach wird Assunta die *cicoria* abgießen, in eine Pfanne geben, in der sie vorher etwas Olivenöl erhitzt und zwecks Aromatisierung ein paar zerdrückte Knoblauchzehen angeschwitzt hat. Und dann wird sie noch eine Prise *peperoncino* auf das Gemüse streuen, und die heißen Chiliflocken werden wie Juwelen aus dem Dunkelgrün der Blätter funkeln.

Wir steuern ihr Haus an der Piazza des *centro storico* an. Und wir essen – nach dem *primo* aus Spaghetti mit selbsteingekochter Tomatensauce – das Wildgemüse als Beilage zum *secondo*, gebratenen Rinderfilets.

Assunta schenkt mir aus einer Plastikflasche Mineralwasser ein und erinnert sich, wie sie als kleines Mädchen zwei Kilometer nach Pozzo della Valle, der Schäfersiedlung hinter dem Dorf, gelaufen ist, um dort Wasser aus den Quellen zu holen und es dann in dem zwei-henkligen *Pignatta*-Krug auf dem Kopf nach Hause zu tragen. Wieder einmal frage ich sie nach Rezepten für den geschmorten Berghasen und das Wildschwein-*Ragù*, die einst für viele Einheimische die einzige Fleischquelle darstellten.

Und wir sinnen darüber nach, wie der Berg auch heute wieder für unser Mittagessen gesorgt hat. So wie er den Campomelani seit jeher gab, was sie brauchten.

Spaghetti con broccoletti, aglio e peperoncino –
Spaghetti mit Broccoletti, Knoblauch und rotem Chili

Broccoletti sind nicht dasselbe wie Brokkoli, sondern die oberirdischen Blätter einer Rübe, die man im Deutschen auch als Stängelkohl, Rübstiel oder Wildbrokkoli bezeichnet. Die Blätter werden am besten gekocht, doch die winzigen Röschen schmecken auch in der Pfanne gebraten ganz vorzüglich, da dies ihren mandelartigen Geschmack zum Tragen bringt. Falls Sie *broccoletti* nicht finden können, können Sie stattdessen auch die winzigen Köpfe des Purple Sprouting Broccoli oder des Tenderstem Broccoli probieren.

400 g Spaghetti
3 oder 4 kräftige Spritzer Olivenöl
2 große Knoblauchzehen, fein gehackt
2 Handvoll kleine Broccoletti-Röschen, gewaschen
Zerdrückte getrocknete rote Chilischote
Feines Meersalz

In einem großen Topf Salzwasser zum Sieden bringen, die Spaghetti hineingeben und nach Anweisung – meist 8–10 Minuten – kochen.

Einige Minuten vor Ende der Garzeit das Öl in einer großen, tiefen Pfanne erhitzen und den Knoblauch darin 1 Minute lang anschwitzen. Die *Broccoletti*-Köpfe hinzufügen, weitere 2 Minuten unter ständigem Umrühren weiterbraten, aber darauf achten, dass der Knoblauch nicht braun wird. Einige Prisen scharfen Chili dazugeben.

Die inzwischen bissfest gegarte Pasta abgießen und zur Knoblauch-*Broccoletti*-Pfanne geben. Das Ganze vom Herd nehmen und vermischen, bis jede Pasta-Schnur mit der Sauce überzogen ist.

Sofort in vorgewärmten Pastatellern servieren.

Für 4 Personen.

Cicoria con olio e aglio –
Zichorienblätter mit Olivenöl und Knoblauch

Mit Knoblauch gewürztes Olivenöl ist eines der Standard-Dressings für gegarte *verdure* aller Art – ob für Zichorienblätter wie in diesem Rezept, oder aber Spinat, Mangold, *broccoletti* oder *cavolo nero*. Die Campomelani streuen zusätzlich scharfen Chili über die gekochten, im Dressing gewendeten Blätter, oder geben im Winter ein wenig Zitrone darüber – von Zitronen, die nur wenige Stunden zuvor in den Zitrushainen Fondis gepflückt wurden.

1 kg Zichorienblätter – oder anderes grünes Blattgemüse – gewaschen,
geputzt und harte Stiele entfernt
3 oder 4 Spritzer Olivenöl
4 oder 5 Knoblauchzehen, geschält und mit der Messerklinge zerdrückt
Feines Meersalz

In einem großen Topf Salzwasser zum Sieden bringen, die Blätter dazugeben und in etwa 7 Minuten gar köcheln.

Inzwischen Öl und Knoblauch in einer großen, tiefen Pfanne vorsichtig erhitzen, so dass der Knoblauch das Öl aromatisiert.

Das gegarte Gemüse in ein Sieb gießen und möglichst viel Wasser herauspressen.

Mit Hilfe zweier Gabeln die Blätter vorsichtig voneinander trennen, dann das Gemüse in die Pfanne mit dem aromatisierten Öl geben und alles gründlich vermischen.

Falls gewünscht, zusätzlich mit Chili bestreuen oder mit Zitronensaft beträufeln.

Für 4 Personen.

Tagne – Grüne Frittata

Zunächst müssen Sie auf *Tagne*-Suche gehen! Aber vergewissern Sie sich unbedingt, dass Sie Ihre Fundstücke auch richtig identifiziert haben – damit Sie sich nicht vergiften!

4 oder 5 großzügig bemessene Handvoll Tagne-Ranken
Einige Spritzer Olivenöl extra vergine
Feines Meersalz
3 TL Mehl

Die *Tagne*-Ranken waschen und die zähesten Stiele wegwerfen.

In einem großen Topf Salzwasser zum Sieden bringen und die Ranken darin in etwa 10 Minuten weich kochen.

Das Wildgemüse in ein Sieb gießen, mit kaltem Wasser abschrecken, dann möglichst viel Wasser herausdrücken. Restliche Feuchtigkeit mit einem sauberen, trockenen Geschirrtuch abtupfen.

Die Ranken in eine große Schüssel geben und mit 2 kräftigen Spritzern Olivenöl und 1 Prise Salz vermischen.

Das Mehl darübersieben, dann die Ranken vermengen und dabei mit Mehl überziehen.

In einer kleinen beschichteten Pfanne 1 Schuss Olivenöl erhitzen, das Gemüse dazugeben und mit einem Spatel flachdrücken. Bei schwacher Hitze etwa 5 Minuten lang sachte braten.

Sobald die Unterseite der Frittata goldbraun und knusprig ist, den Fladen wenden. Dazu die Pfanne vom Herd nehmen, einen großen Teller auf die Frittata legen, Pfanne umdrehen, so dass die Frittata auf den Teller fällt; dann in die Pfanne zurückgleiten lassen.

Ist sie schließlich auch auf der Unterseite gebräunt, auf einen Teller stürzen. Abkühlen lassen und in Stücke schneiden.

Für 4–6 Personen.

Patate pazze – Bekloppte Kartoffeln

Das Gericht mit dem hübschen Namen ist ein Klassiker der *cucina povera*: Die Kartoffeln, die nach sechs Monaten in der *cantina* ihren geschmacklichen Höhepunkt überschritten haben, werden dabei mit Wildpflanzen aus den Bergen gewürzt.

1 kg Kartoffeln – alle gleich groß
Eine Auswahl wilder Bergpflanzen wie caccialepre, pilosella, crispino oder
*   Zichorienblätter (aber kein Chicorée)*
3 oder 4 Spritzer Olivenöl extra vergine
3 oder 4 Knoblauchzehen, geschält und mit der Messerklinge zerdrückt
Feines Meersalz

Einen großen Topf mit kaltem Salzwasser füllen. Die Kartoffeln sauber bürsten, aber nicht schälen, und ins kalte Wasser geben. Deckel auflegen, Wasser zum Sieden bringen und die Kartoffeln etwa 10 Minuten garen lassen.

Die gewaschenen und geputzten Wildpflanzen zu den Kartoffeln in den Topf geben und weiterkochen, bis die Kartoffeln weich sind, wenn man sie mit einer Messerspitze testet.

Vom Herd nehmen und alles in ein Sieb gießen. Das Grünzeug von den Kartoffeln trennen und möglichst viel Wasser herausdrücken.

Wer möchte, kann die Kartoffeln auch schälen; anschließend werden sie in große Stücke oder dicke Scheiben geschnitten, erneut mit dem Wildgemüse vermengt und auf einer vorgewärmten Servierplatte angerichtet. Olivenöl und Knoblauch hinzufügen und mit Salz bestreuen. Warm servieren.

Für 4 Personen.

Karneval

Früher gab es keine andere Methode. Man mischte die frisch geleg-
ten Eier von Hand unters fein gemahlene Mehl; knetete so lange, bis
aus beiden eins wurde; rollte dann, bis die gelbe Teigplatte so dünn
war, dass, wenn man sie hochhob und ans Licht hielt, die Morgensonne hindurchschien.

Wenn man Natalina dabei zusieht, wie sie ihre frische Eier-Pasta
bearbeitet, erscheint es unglaublich, dass sich dieses Ritual hier einst
fast jeden Tag und in jeder Küche abgespielt haben soll. Einmal zum
Mittagessen – und an kalten Winterabenden vielleicht auch noch
einmal am Abend.

An den meisten dieser vergangenen Tage und in den meisten
Häusern wäre der Nudelteig wohl schlichter ausgefallen als dieser –
hätte lediglich aus Mehl und Wasser bestanden, weil Eier zu wert-
voll waren, um sie bei jeder Mahlzeit auf die Pasta zu verschwenden.
Und man hätte ihn geknetet, ausgerollt, von Hand in bänderartige
laine geschnitten, dann mit gekochten Bohnen vermengt und serviert: als *laine e fagioli* nämlich, das bekannteste Nudelgericht Campodimeles.

An Feiertagen allerdings lässt sich auch die *cucina povera* mit *pasta
all'uovo* – frisch gemachte Eiernudeln – anreichern. Die man dann in
breite *Pappardelle*-Streifen schneidet und zum ersten Wildschwein-
ragout der Jagdsaison verzehrt. Oder aber als dünne *tagliolini* in einem *brodo*, einer Brühe – falls sich denn eine Henne für die Suppe
erübrigen lässt. Oder aber dünn, ganz dünn zu rechteckigen Teig-
blättern ausgerollt und mit dicker Fleischsauce geschichtet und zur

vielleicht berühmtesten *pasta all'uovo* verarbeitet, die Natalina heute wieder einmal zubereitet: Lasagne.

»*Carnevale, Pasqua, Natale*«, sagt Natalina, drapiert den Pastateig über ihr Nudelholz, bestreut ihr Brett mit Mehl, legt den Teig darauf und rollt ihn aufs Neue aus. Karneval, Ostern und Weihnachten. Das sind die religiöse Feste, zu denen man in Campodimele traditionell Lasagne isst und aß, Tage der Danksagens und Feierns oder aber, wie im Falle des *Carnevale*, der Beendigung des *carpe diem* – des »Ergreife den Tag«, wozu uns mein Freund Pietro sonst so gerne anhält.

Den Tag zu ergreifen, das ist, wie ich langsam erkenne, ein wesentlicher Bestandteil des campomelanischen Lebens, denn wie die *contadini* wissen: »*Ogni cosa ha il suo momento*« – alles hat seine Zeit. Ist es heute sonnig, sollte man aussäen, denn sollte es morgen regnen, hat man die Gelegenheit verpasst. Ist die Frucht reif, so ernte sie, damit sie dir nicht am Halm verdirbt. Natur und Wetter sind launisch, und wer gut von ihren Früchten leben will, muss nach dem Takt tanzen, den sie ihm vorgeben.

Der italienische *Carnevale* ist die spirituelle und kulinarische Verkörperung dieser Philosophie. Karneval mag zwar auf der ganzen Welt als Synonym für jenes auf den Kanälen Venedigs sich abspielende Maskenspektakel gelten, tatsächlich aber handelt es sich dabei um ein christliches Fest, das stets auf den Dienstag vor Aschermittwoch fällt, den Faschingsdienstag, der der letzte Tag vor dem Beginn der Fastenzeit ist, jener vierzig Tage, die zum Ostersonntag hinführen. In diesem mehrheitlich katholischen Land gibt es noch viele, die die Fastenzeit einhalten und als Zeit der Buße betrachten, um des vierzigtägigen Fastens Jesu in der Wüste zu gedenken. Traditionell verzichteten Menschen, die sich Fleisch eigentlich leisten konnten, während dieser Wochen auf seinen Genuss, daher der Begriff *Carnevale*, der sich vom mittellateinischen Ausdruck *carne levare*, »dem Wegnehmen des Fleischs«, ableitet.

Angesichts der nun vor einem liegenden vierzig fleischlosen Tage entwickelte sich der Tag vor Beginn der Fastenzeit zu einem exzessiven Tag des *carpe diem*, woher auch der andere Name des *Carnevale*, nämlich jener des *Martedì Grasso*, rührt – des fetten Dienstags, den die meisten wohl eher unter seiner französischen Bezeichnung *Mardi Gras* oder im Deutschen als Faschingsdienstag kennen.

Vor noch nicht allzu langer Zeit herrschte in Campodimele – wie in vielen ländlichen Regionen Italiens vor dem Aufschwung der Nachkriegsjahre – *fame*, Hunger. »*Si capiva niente di lasagne*« – »Wir wussten nichts von Lasagne« –, sagen viele der älteren Dorfbewohner über diesen Import aus dem Norden. Inzwischen haben sich die Zeiten gebessert, die Tage des Hungers sind vorbei, und auch hier hat sich die Lasagne als traditionelles Karnevalsgericht durchgesetzt – gehaltvolle Eierpasta, noch gehaltvollere Fleischsauce, verbunden in einem Gericht, das lediglich den ersten Gang eines üppigen Festmahls darstellt. Ein Mittagessen an *Carnevale*, das ich miterlebte, erstreckte sich über sieben Gänge und ebenso viele Stunden – wie mir schien: Antipasti, bestehend aus Prosciutto und *salumi*, gefolgt vom *primo* der Lasagne, dann ein *secondo* aus *salsicce*, die in Weißwein geköchelt und mit *broccoletti* serviert wurden. Im Anschluss daran ein gaumenreinigender grüner Blattsalat, gefolgt von Käse, dann Obst und schließlich *struffoli*, den kleinen frittierten *Carnevale*-Küchlein. So viele *letzte* und *allerletzte* Schlemmereien, dass mir, während mir der Prosecco zur Nachspeise noch auf den Lippen perlte, die Aussicht auf die vierzig mageren Mittagessen eher als Segen denn als Buße erschien.

Allerdings schränkt die Herstellung frischer Pasta unsere Chancen, den Tag zu ergreifen, doch ziemlich ein, denke ich mir, während ich Natalina bei der Arbeit beobachte: Es bleibt ja kaum Gelegenheit, mal hinaus in den *orto* zu treten und die Tomaten fürs Fleisch-*Ragù* zu ernten; kaum Zeit, nach den Hennen zu sehen, die die Eier für die *pasta all'uovo* legen.

Aufs Neue drapiert Natalina ihre Pasta übers Nudelholz, legt ihre bemehlte Hand auf die Mitte des Teigs und streicht ihn, erst nach links, dann nach rechts, zu den Rändern des hölzernen Schafts hin aus, ehe sie ihn wieder auf die Tischplatte fallen lässt, um ihn dann erneut und auf nur wenige Milimeter Dicke auszurollen.

Zubereitet hat Natalina ihren Pastateig, indem sie die aufgeschlagenen Eier in einen Berg »00«-Mehl gleiten ließ, Italiens berühmtes *doppio zero*. Obwohl manche Familien noch immer ihren eigenen Weizen anbauen, scheint für die Zubereitung frischer *pasta all'uovo* im Laden gekauftes »00« die beliebteste Sorte zu sein. Es ist sehr fein und nicht nur einmal, sondern gleich zweimal vom Müller gemahlen, daher die Kennzeichnung »00«. Es ergibt einen starken, glatten, elastischen Teig, der nicht so leicht reißt. Ideal für die hauchdünnen Lasagneblätter, die Natalina jetzt in Rechtecke schneidet und in köchelndes Wasser gleiten lässt, wäre auch ein Schuss Öl im Kochwasser, damit sie nicht zusammenkleben.

Eine halbe Stunde, vielleicht sogar länger hat sie gebraucht, um ihre Pasta auf den *punto giusto*, »den richtigen Punkt« zu bringen. Ich stelle mir die campomelanischen Küchen vergangener Generationen vor, bevor die abgepackten Trocken-Spaghetti zum alltäglichen Standard wurden. Stelle mir vor, etwa *laine* für Familien von sechs, sieben oder noch mehr Personen mit der Hand zu kneten und zu schneiden: für Großeltern, Cousins, ein, zwei Onkel, die hungrig vom Feld heimkommen. Wo nahmen die Frauen nur die Zeit dafür her?

Und warum tun sie sich diesen Aufwand immer noch an? Gekaufte Pasta findet man heutzutage in den meisten der hiesigen Küchen, doch frisch zubereitete Eiernudeln stehen, da man sich aufgrund des höhereren Lebensstandards auch die dazugehörigen Fleischsaucen eher leisten kann, ebenfalls häufiger auf dem Tisch.

»*È un'altra cosa*«, verteidigt Natalina ihre frische Eierpasta, als ich etwas zu der dafür aufgewendeten Zeit und Mühe bemerke und über die abgepackten Lasagneblätter, die sich in Läden nebenan auf den Regalen stapeln. Es ist eine vertraute Reaktion. Wortwörtlich könnte man sie als »Das ist was anderes« übersetzen. Doch in diesen Worten, meist mit einem Achselzucken ausgesprochen, klingen noch andere Bedeutungen mit, etwa: »Das ist was Besseres«, »Das ist was Authentischeres«, und natürlich auch: »Das ist was Schmackhafteres.« Trocken-Pasta aus dem Laden ist willkommen, weil sie rasch zubereitet ist und praktisch und es einem ermöglicht, der Küche den Rücken zu kehren und einen plötzlich doch noch schön gewordenen

Wintertag zu genießen. Aber »*se vuoi mangiare meglio, devi fare così*«, lautet ein weiteres vertrautes Mantra dieses Ortes. »Wenn du gut essen willst, dann musst du es so machen.«

Das *ragù* für die Lasagne köchelt auf dem Herd. Es ist eine köstliche rote Sauce, ein Gedicht aus sommerlichen Strauchtomaten, Frühlingszwiebeln, Weißwein … und *vitello macinato*, das heißt gehacktem Kalbfleisch, einer Fleischsorte, die früher in der *cucina povera* Campodimeles selten war und in den schwierigsten Zeiten wohl überhaupt nicht erhältlich: eine üppige Schlemmerei für den *Martedì Grasso*. Natalina hat eine Handvoll süßer grüner Erbsen in ihr *ragù* geworfen, die sie in ihrem Sommer-*Orto* gezogen und dann eingefroren hat. »*A chi piace*«, meint sie – ganz wie du es magst. Für das *ragù* gibt es keine Regeln; jede Köchin verfährt nach ihrer eigenen Methode.

Während Natalina sich anschickt, die Lasagne aufzuschichten, merke ich, dass etwas fehlt. Für mich besteht Lasagne aus drei Bestandteilen – Schichten gelber Pasta, Fleisch-*Ragù* sowie der milchig-buttrigen Béchamelsauce dazwischen. Letztere, die die Italiener *besciamella* nennen, ist jedoch nirgendwo zu entdecken.

»*Niente besciamella*«, bestätigt mir Natalina. Und sie reißt die Ofentür auf und zieht rasch ein Keramikgeschirr mit einer zischelnden, brodelnden Lasagnemasse heraus. Wie Lava strömt das *ragù* hervor, als sie die Pastaschichten mit einer Gabel zerteilt, um unter ihnen etwas Weiches, Cremiges, Geschmolzenes zutage zu fördern – *fiordilatte*.

Fiordilatte, »Milchblume« lautet der romantische Name für die weichen, runden Kuhmilchkäsekugeln, die man auch als *mozzarella per cucinare* bezeichnet, »Mozzarella zum Kochen«, weil sie Büffelmozzarella ähneln, jedoch eine trockenere Textur besitzen.

Käse anstelle von *besciamella*. Dies, erfahre ich, ist eine im Dorf recht verbreitete Art der Lasagnezubereitung, obwohl andere Köchinnen Campodimeles darauf bestehen, ihre eigene *besciamella* zu kochen. Irgendwie drängt sich mir der Gedanke auf, dass sich in Lasagne ohne *besciamella* recht gut zeigt, wie Köchinnen importierte Gerichte für die eigene Region adaptieren. Für *besciamella* benötigt man Kuhmilch und Butter, doch wir befinden uns hier im Bergland, das sich am besten als Ziegen- und Schafsweide eignet. Lasagne ist hierzulande ein noch ziemlich neues Gericht, und als es endlich in die Aurunker Berge vordrang, war es zunächst sicher leichter und billiger, eigene Erzeugnisse dafür zu verwenden. Vielleicht wurde deswegen der Käse zum dritten Element – früher Ziegen- oder Schafskäse, vielleicht frisch zubereiteter, nur wenige Stunden alter Ricotta, oder die festen frischen *Formaggio*-Rollen oder auch eine Handvoll reifen getrockneten Pecorinos, den man gerieben über das *ragù* streute.

Eigentlich ist Käse kein Ersatz für die *besciamella* in der Lasagne, eher *un'altra cosa*. Auch geschmolzen ist seine Konsistenz noch dicker und cremiger als die der Béchamelsauce, und das ist ideal, denn wie in den meisten Gegenden Italiens sollte eine gute Lasagne auch hier ziemlich fest, ja solide beschaffen sein und die Sauce die Pasta lediglich befeuchten, aber keinesfalls ertränken oder überschwemmen. Natalinas Lasagne zu essen ist, als beiße man in *millefoglie*, in Blätterteig – sie besteht aus Schicht um Schicht goldgelber Pasta, die al dente gebacken und von geschmolzenem Käse durchzogen ist, der sich weich vom körnigen Fleisch des *ragùs* abhebt, eine Pasta, die unseren Appetit vor dem gehaltvollen Hauptgang eher anregt, als ihn zu überwältigen. Und weit, weit entfernt von der labbrig-schlabbrigen Lasagne, die mir außerhalb Italiens so oft begegnet ist.

Nun, da die Verkehrsverbindungen besser geworden sind, kann man Milch und Butter für die *besciamella* zwar überall bekommen, doch die alte Gewohnheit, für Lasagne Käse zu verwenden, bleibt in vielen Häusern bestehen – warum sollte man schließlich eine halbe Stunde damit verbringen, Mehl, Butter und Milch zu verrühren, wenn *fiordilatte* im Nu in Scheiben geschnitten und übers *ragù* verteilt ist? Wenn man frische *pasta all'uovo* zur Hand hat? Und einen weiteren genussreichen Tag vor sich?

Einige Zeit nach *Carnevale* wird mir klar, warum *lasagne all'uovo* das perfekte Festessen ist. Ja, dass man sich damit sogar Zeit sparen kann. Morgen werde ich nämlich Gäste bewirten, muss Pasta für zehn Leute kochen und hege gewisse Zweifel, dass ich ein ganzes Kilo Spaghetti in einen meiner Töpfe hineinkriege, auch wenn ich den größten dafür verwende. Wie schaffen es die Leute bloß, an den zahlreichen kirchlichen Feiertagen, den vielen Heiligenfesten für solche Riesenversammlungen von Verwandten und Freunden zu kochen?

Die Antwort lautet: Lasagne. Und zwar ganze Bleche davon. Eine halbe Stunde, um den Teig zu kneten, aber nicht mehr als eine Stunde, um das *ragù* zu kochen, knapp eine Stunde im Ofen. Außerdem, versichert man mir, schmecke eine im Voraus zubereitete Lasagne, die man über Nacht stehen lässt und am nächsten Tag wieder aufwärmt, noch viel köstlicher. Und es ist ein Gericht weniger, das man *al momento*, »am betreffenden Tag« zubereiten muss.

Also mache ich meine Lasagne in der Kühle der Morgendämmerung, während sich die orangenen Finger des ersten Tageslichts über die Berggipfel tasten. Ich schlage die Eier der maisgefütterten, freilaufenden Hühner meiner Nachbarin Maria in ein Kilo *Doppio-Zero-Mehl*. Knete den Teig mit der Hand und rolle ihn dann dünn, ganz dünn auf meiner Marmorarbeitsplatte aus, ehe ich ihn hochhalte und mich an den durch ihn hindurchscheinenden Sonnenstrahlen erfreue.

Etwas später, nachdem die Lasagne gebacken ist, kann ich mir sicher sein, dass wir am nächsten Tag gut essen werden. Und ich kann meine Küche verlassen und diesen Morgen am Berg nutzen und auskosten, was die Natur mir heute bietet.

Lasagne al vitello macinato – Lasagne mit Lammhack

Viele der Hausfrauen und Köchinnen Campodimeles sind überzeugt, dass man für herzhafte Gerichte entweder Zwiebel *oder* Knoblauch verwenden sollte – jedoch niemals beides. Allerdings akzeptieren einige von ihnen, dass die zwei gut harmonieren können und
die Zugabe von Knoblauch – falls man nicht gerade die frischesten,
schmackhaftesten biologischen Zutaten zur Hand hat – in diesem
Rezept sogar hilfreich sein kann. Falls Sie keine Zeit haben, Ihre eigene Pasta zu machen, lässt sich dieses Rezept auch ohne weiteres
mit guter gekaufter Eierlasagne zubereiten.

Für die Pasta:
500 g italienisches Weizenmehl tipo 00 (doppio zero) oder
    deutsches Mehl Type 405, sowie etwas mehr zum Bestäuben
4 mittelgroße Bioeier – so frisch wie möglich oder
    500 g Eier-Lasagne, am besten Bioqualität

Für das *ragù*:
2 Spritzer Olivenöl extra vergine
2 mittelgroße Zwiebeln, fein gehackt
3 große Knoblauchzehen, geschält und mit der Messerklinge zerdrückt
400 g Lamm- oder mageres Rinderhack
2 oder 3 kräftige Prisen feines Meersalz
2 Gläser guter trockener Weißwein
1 l selbsteingekochte Tomatensauce (siehe Seite 280)
1 Handvoll frische oder Tiefkühlerbsen
200 g Fiordilatte-Mozzarella, in dünne Scheiben geschnitten
Frisch geriebener Parmesan zum Servieren, falls gewünscht

Zunächst die Pasta zubereiten.
    Das Mehl auf eine große, glatte Arbeitsfläche oder in eine große
Schüssel geben und eine Mulde hineindrücken – bei Verwendung
von deutschem Weizenmehl anstelle von »00«, dieses sieben.

Die Eier aufschlagen, in die Vertiefung gleiten lassen und die Dotter mit den Fingern zerteilen. Den Daumen statisch in der Mitte der Eimischung lassen und mit den Fingern nach und nach kleine Mehlmengen unter die Eier ziehen, wobei beide Zutaten gründlich vermengt werden sollten, ehe man weiteres Mehl untermischt.

Auf diese Weise fortfahren, bis alles Mehl unter die Eier gemischt ist, was zunehmend aufwendiger wird und einige Zeit in Anspruch nimmt.

Hat man die Pasta schließlich zu einer Kugel zusammengerollt, eine große, glatte Arbeitsfläche mit Mehl bestäuben, die Pasta darauflegen und kneten: dabei den Handballen verwenden, um den einem am nächsten gelegenen Pastateil nach unten und in die Pasta hineinzudrücken, dann die abgewandte Teigseite hoch- und zu sich herzuziehen, und schließlich diesen Knetprozess wiederholen. Damit fortfahren, bis der Teig fest, aber dennoch elastisch ist – was etwa 20 Minuten in Anspruch nehmen kann. Fühlt sich die Pasta beim Kneten klebrig an, ein wenig Olivenöl auf die Hände geben.

Sollte noch genug Zeit sein, die Pasta mit einem sauberen, feuchten Geschirrtuch abdecken und ein halbe Stunde an einem kühlen Ort ruhen lassen.

Nun mit dem *ragù* beginnen.

In einem weiten tiefen Topf einige Spritzer Olivenöl erhitzen. Die Zwiebel und den Knoblauch (falls verwendet) hinzufügen und bei schwacher Hitze einige Minuten lang anschwitzen.

Als Nächstes das Hackfleisch dazugeben und mit einem Holzlöffel in kleine Stücke zerteilen. Das Fleisch noch einige Minuten im Topf herumbewegen, bis es von allen Seiten angebräunt ist und Bratensaft austritt.

Mit 2 oder 3 Prisen feinem Meersalz abschmecken.

Einige Minuten weitergaren, so dass ein Teil des ausgetretenen Fleischsafts wieder einkocht. Den Wein hinzugießen und einige Minuten kochen, bis der Alkohol verdampft ist.

Als Nächstes die Tomatensauce dazugeben, ebenso wie die Erbsen, falls man frische verwendet. Zum Kochen bringen und 20–30 Minuten unter häufigem Umrühren köcheln lassen, bis ein

Großteil der Flüssigkeit verdampft ist. Wer Tiefkühlerbsen verwendet, sollte sie jetzt hinzufügen.

Den Backofen auf 200 °C vorheizen.

Die Pasta nach dem Ruhen mit dem Messer halbieren und eine der Teighälften auf die bemehlte Arbeitsfläche legen. Darauf achten, dass die andere Hälfte in das feuchte Geschirrtuch eingeschlagen bleibt, so dass sie nicht austrocknet.

Nun muss man die Pasta möglichst dünn ausrollen, ohne sie jedoch zu zerreißen. Dies erreicht man, indem man sie mit einem langen Nudelholz ausrollt, dann anhebt und um 90° dreht, ehe man sie aufs Neue ausrollt. Auf diese Weise die Pasta immer weiter ausrollen und drehen, bis sie recht dünn geworden ist – und es womöglich inzwischen leichter ist, anstelle des Teigs das Nudelholz zu drehen. Während dieses Verfahrens den Teig zwei- oder dreimal vorsichtig auf das bemehlte Nudelholz rollen, Arbeitsfläche erneut mit Mehl bestäuben und die Pasta mit der anderen Seite nach unten auf die Arbeitsfläche zurückrollen.

Sobald der Pastateig eine Dicke von etwa 3–4 mm erreicht hat, auf das Nudelholz rollen und gegen das Licht halten – scheint es hindurch, ist er fertig. Wenn nicht, noch etwas stärker ausrollen.

Ist die Pasta schließlich dünn genug und das *ragù* zubereitet, bringt man in einem großen Topf Salzwasser zum Kochen und fügt einen Schuss Olivenöl hinzu.

Die Pasta für die Lasagneblätter in etwa 15 x 10 cm große Rechtecke schneiden. Zwei oder drei dieser Blätter in den Topf mit dem siedenden Wasser geben und in etwa 2 Minuten gar werden lassen.

Während die Lasagneblätter garen, etwa ein Viertel der Sauce auf dem Boden einer großen Lasagneform verteilen.

Nach 2 Minuten die Lasagneblätter mithilfe einer Nudelzange aus dem Topf heben und auf die Sauce legen. Weitere Teigblätter garen, bis die erste Saucenschicht vollständig mit Lasagneblättern bedeckt ist. Dann ein weiteres Viertel der Sauce auf der Nudelschicht in der Backform verstreichen, und weitere Lasagneblätter garen, so dass man eine zweite Pastaschicht erhält.

Das dritte Viertel des *ragùs* darüberschöpfen und einige Scheiben *fiordilatte* (Kuhmilch-Mozzarella) oder anderen Käse darüber verteilen, gefolgt von einer dritten Lasagneschicht.

Den Großteil des verbliebenen *ragù* daraufgeben, lediglich ein paar Löffel zurückbehalten, dann den restlichen Käse darüber verteilen.

Nun folgt die letzte Pastaschicht, über der man den Rest der Sauce verstreicht.

Mit einer Metallgabel die Pastaschichten an mehreren Stellen durchstechen, ehe man die Lasagne für etwa 40 Minuten in den Ofen schiebt.

In diesem Teil Italiens erwartet man bei Lasagne eine fast feste Konsistenz, so dass die geschnittenen Portionen ein wenig wie Backsteine wirken und nichts von der labbrig-strukturlosen Lasagne an sich haben, die man außerhalb Italiens so häufig serviert bekommt. Sollte die Lasagne immer noch ein wenig flüssig wirken, kann man sie weitere 10–15 Minuten backen, wobei man sie, um zu starkes Bräunen zu vermeiden, locker mit einem Stück Alufolie abdeckt.

Nachdem man die Lasagne aus dem Ofen genommen hat, mit Folie abdecken und vor dem Servieren noch 15 Minuten an einem warmen Ort ruhen lassen. Noch besser schmeckt sie, wenn man sie am nächsten Tag noch einmal aufwärmt. Falls gewünscht, mit frisch geriebenem Parmesan servieren.

Für 6 Personen.

Pappardelle al ragù –
Frische Eierbandnudeln mit Fleischsauce

Jede italienische Region rühmt sich ihres eigenen *ragùs* und auch innerhalb dieser Regionen besitzt jede Groß- und Provinzstadt und jedes Dorf ein *ragù* mit jeweils ganz charakteristischen Merkmalen – die gewöhnlich von den für die Gegend typischen Tieren und *odori* bestimmt werden. Dieses Rezept beinhaltet drei für Campodimele klassische *odori*: Zwiebel, Bleichsellerie und glatte Petersilie. Das Fleisch wird dabei in recht großen Stücken geschmort, so dass man es – nachdem man seine Sauce zu den *pappardelle* als *primo* gereicht hat – als *secondo* servieren kann. Dies bedeutet, dass beide Gänge gleichzeitig gekocht werden.

Für die *pappardelle*:
1 Portion frischer Eiernudelteig, nach dem Rezept für Lasagne auf
  Seite 63, oder gekaufte Eier-Pappardelle, falls man keine Zeit hat,
  sie selbst herzustellen

Für das *ragù*:
1 große Zwiebel
2 kleine Stangen Bleichsellerie
1 große Handvoll frische glatte Petersilie
3 kräftige Spritzer Olivenöl extra vergine
800 g Fleischstücke, gemischt: Schweineschulter, entbeint; Rind – Oberschale
  oder Kamm sind zum Schmoren ideal; salsiccia fresca, nach dem Rezept
  auf Seite 44 oder gekauft – pikant oder nicht pikant, je nach Geschmack
2 Gläser guter trockener Weißwein
1,5 l selbsteingekochte Tomatensauce (siehe Seite 280)
2 oder 3 kräftige Prisen feines Meersalz (falls gewünscht)
1 Handvoll frische Basilikumblätter, zerzupft

Falls man den Pastateig selbst zubereitet, zunächst mit dem *ragù* beginnen und – während das *ragù* gart – den Nudelteig kneten.

Für das *ragù* Zwiebel, Bleichsellerie und glatte Petersilie fein hacken – falls man eine *mezzaluna* (ein halbmondförmiges Wiegemesser mit zwei Griffen) besitzt, diese dafür benutzen und das Ganze rasch hinter sich bringen.

Das Olivenöl in einem großen, tiefen Topf erhitzen, dann die gehackten *odori* hinzufügen, Deckel auflegen und bei schwacher Hitze etwa 10 Minuten unter gelegentlichem Umrühren braten, bis die Zwiebel glasig, aber nicht gebräunt ist.

Die Fleischstücke hinzufügen und 5–10 Minuten in den *odori* anbräunen lassen; auf diese Weise nimmt das Fleisch das Aroma der *odori* auf und die Fleischporen werden versiegelt. Darauf achten, dass die *odori* nicht verbrennen; denn dies wäre verheerend für das *ragù*.

Sobald das Fleisch von allen Seiten leicht angebräunt ist, den Wein hinzufügen, die Hitze höher schalten und das Fleisch köcheln lassen, bis der Wein auf etwa die Hälfte eingekocht und der Alkohol vollständig verdampft ist.

Dann die Hitze reduzieren und das *ragù* mit aufgelegtem Deckel behutsam 1–2 Stunden köcheln lassen, bis das Fleisch gar und zart ist – die Länge der erforderlichen Garzeit hängt von der Größe der Fleischstücke ab.

Etwa 45 Minuten vor Ende der Garzeit Tomatensauce hinzufügen, gut umrühren und weiterköcheln lassen, bis das Fleisch bei Gabeldruck nachgibt.

Wenn das *ragù* fertig ist, probieren und, wenn nötig, Salz hinzufügen.

Während das *ragù* gart, nach dem Lasagne-Rezept auf Seite 63 frischen Nudelteig zubereiten. Den Pastateig mit einem feuchten Geschirrtuch abdecken und etwa eine halbe Stunde lang ruhen lassen.

Hat die Pasta geruht, halbiert man sie, wobei man eine Teighälfte im feuchten Geschirrtuch eingeschlagen lässt.

Nun die erste Teighälfte – gemäß der im Lasagne-Rezept verwendeten Methode – auf höchstens 3–4 mm Dicke ausrollen. Zu möglichst quadratischer Form ausrollen und die Teigoberfläche mit Mehl bestäuben.

Um die *pappardelle* zu schneiden, zunächst die entfernter liegende Teigkante behutsam zur Mitte hin rollen. Nun die zu einem hin zeigende Kante nehmen und ebenfalls zur Mitte rollen – man sollte eine Art Doppelrolle oder -schnecke vor sich liegen haben.

Nun die Pasta mit dem schärfsten Messer, das man besitzt, in etwa 1,5 cm breite *pappardelle* schneiden, wobei man beide Rollen gleichzeitig durchtrennt.

Die Pastabänder voneinander lösen, leicht mit Mehl bestäuben, damit sie nicht zusammenkleben, und dann auf ein großes Brett legen. Werden die *pappardelle* im Voraus zubereitet, sollte man sie mit einem feuchten Geschirrtuch abdecken, um Austrocknen zu verhindern.

Die verbliebene Teighälfte auspacken und auf gleiche Weise eine zweite *Pappardelle*-Portion herstellen.

Als Nächstes das zerzupfte Basilikum in den *Ragù*-Topf geben und umrühren, um es gleichmäßig zu verteilen. Nun die Fleischstücke aus dem *ragù* heben und auf eine vorgewärmte Servierplatte legen; die Sauce mit kleinen abgefaserten Fleischstückchen bleibt im Topf zurück.

In einem großen Topf Salzwasser zum Kochen bringen und die *pappardelle* darin al dente kochen – dies dauert je nach Dicke der Pasta etwa 3–5 Minuten, und feststellen lässt sich die Bissfestigkeit nur, wenn man kurz vor Ende der Garzeit etwa alle 30 Sekunden auf eine Nudel beißt.

Die fertigen *pappardelle* in ein Sieb gießen, aber nicht trocken schütteln, da sie sonst aneinanderkleben.

Nun die *pappardelle* in den Topf mit der *Ragù*-Sauce kippen, vorsichtig umrühren und die mit der Sauce überzogenen *pappardelle* in Pastatellern als *primo* servieren.

Die zurückbehaltenen Fleisch- und Wurststücke können im Anschluss als *secondo* gereicht werden – wobei jeder Gast eine Kostprobe von jeder Fleischsorte erhalten soll. Bei zwangloseren Mahlzeiten, etwa im Familienkreis, wird das Fleisch-Wurst-*Secondo* der Bequemlichkeit halber meist gleichzeitig mit den *pappardelle* auf den Tisch gebracht.

Da dieses Rezept Zwiebeln enthält, würden viele Campomelani nicht einmal im Traum daran denken, auch noch Knoblauch zu verwenden. Falls man das *ragù* aber mit Knoblauch bevorzugt oder kein hervorragendes Biogemüse zur Verfügung hat, kann man zusammen mit den anderen *odori* auch drei große geschälte und mit der Messerklinge zerdrückte Knoblauchzehen hinzufügen.

Für 6 Personen.

Tagliolini in brodo – Tagliolini in Hühnerbrühe

Dies ist ein weiteres Beispiel für zwei Gerichte, die gleichzeitig zubereitet werden, und diesmal sogar in einem einzigen Topf. Das gekochte Huhn aromatisiert den ersten Gang der *pasta in brodo*; im Anschluss wird das Huhn dann separat davon als zweiter Gang verspeist.

Für die *Tagliolini*:
1 Portion frischer Nudelteig (siehe Seite 63)

Für den *brodo*:
1 Schuss Olivenöl extra vergine
1 große Zwiebel, sehr fein gehackt
1 kleine Handvoll frische glatte Petersilie, gehackt
2 Stangen Bleichsellerie, zerdrückt, plus Blattwerk, fein gehackt
1 große Möhre, geviertelt
2 Knoblauchzehen, geschält und mit der Messerklinge zerdrückt
Feines Meersalz
200 ml selbsteingekochte Tomatensauce (siehe Seite 280) oder
4 frische Eiertomaten, enthäutet und Samen entfernt
1 große Kartoffel, ganz
1 ganzes Biohuhn, Haut entfernt

Etwas Olivenöl in einem Topf erhitzen, der groß genug ist, um sowohl das Huhn aufzunehmen als auch ausreichend Wasser, so dass das Huhn bedeckt ist.

Wenn das Öl heiß ist, Zwiebel, Petersilie, Sellerie und Sellerieblätter, Möhre, Knoblauch (falls verwendet) und eine kräftige Prise Salz hinzufügen und behutsam bis zu 5 Minuten lang anschwitzen.

Die Tomatensauce oder frische Tomaten (falls verwendet) und die Kartoffel hinzufügen, dann den gesamten Topfinhalt zum Köcheln bringen.

Das Huhn und so viel kaltes Wasser hinzufügen, dass das Huhn vollständig davon bedeckt ist (etwa 1,5 l).

Das Ganze aufkochen lassen, Deckel auflegen, Hitze herunterschalten und etwa 1½ Stunden köcheln lassen. Immer wieder den aufsteigenden Schaum abschöpfen und eventuell heißes Wasser nachgießen, damit das Huhn bedeckt bleibt.

Nun die frische Eierpasta zubereiten. Mit einem feuchten Geschirrtuch abdecken und etwa eine halbe Stunde ruhen lassen.

Nach dem Ruhen die Pasta halbieren und eine Hälfte des Teigs im feuchten Tuch eingeschlagen lassen.

Nun die erste Teighälfte auf 3–4 mm Dicke ausrollen (siehe Seite 64), und zwar zu möglichst quadratischer Form. Danach die Oberseite mit Mehl bestäuben.

Die von einem abgewandte Kante der Pasta anheben und behutsam zur Mitte hin aufrollen. Dann die einem zugewandte Kante der Pasta nehmen und ebenfalls Richtung Mitte rollen, so dass man eine Doppelrolle oder -schnecke erhält.

Nun die Pasta mit einem scharfen Messer in 3–4 mm breite Tagliolini schneiden, wobei man beide Rollen gleichzeitig durchtrennt.

Die Pastabänder lösen und leicht mit Mehl bestäuben.

Die verbliebene Teighälfte aus dem Tuch nehmen und in gleicher Weise eine zweite Portion Tagliolini herstellen.

Nach 1½ Stunden die Hühnchenkeule an der dicksten Stelle mit einem Fleischspieß einstechen – der herausrinnende Fleischsaft sollte klar und durchsichtig sein. Wenn nicht, weitergaren, bis er klar bleibt.

Das Huhn aus dem Topf heben, in Folie einschlagen und an einem warmen Ort ruhen lassen.

Die im Topf verbliebene Flüssigkeit ist der *brodo* – die Hühnerbrühe. Eventuelle Schaumreste abschöpfen, Kartoffel, Möhrenstücke und Sellerie herausfischen und beiseitestellen; den *brodo* probieren und eventuell nachsalzen.

Nun den Topfinhalt erneut zum Kochen bringen, die Pasta hineingeben und sie in 2–3 Minuten al dente garen. Wer die Tagliolini nicht selbst zubereiten will, kann auch andere Pasta wie etwa Spaghetti verwenden und gemäß der Packungsanleitung garen, was in der Regel 8–10 Minuten in Anspruch nimmt.

Die *tagliolini in brodo* als *primo* servieren. Anschließend gibt es als *secondo* das in Stücke zerteilte Huhn, begleitet von Möhren, Sellerie und Kartoffel sowie einem *contorno* aus Blattsalaten wie etwa *cicoria* (siehe Seite 53).

März

Zimtsaison

Ostern duftet hier nach Zimt. Und nach Anis. Der eine ein üppig rötliches Aroma aus fernen Ländern, der andere ein warmer grüner Hauch von Campodimeles Feldern.

Man kann den Kalender mithilfe der Kräuter und Gewürze einteilen, deren Düfte gerade aus den Küchenfenstern wehen – eine Art olfaktorischer Code, der die einzelnen Monate kennzeichnet. Koriander zeigt den Januar an und verrät, dass die *salsiccia* zum Trocknen aufgehängt ist; im Mai duftet die Minze auf den Bergwiesen, wo ihr süßes Parfum unter unseren Sohlen förmlich explodiert; Basilikum kündet vom Sommer, den ersten heißen Junitagen und den noch bevorstehenden heißeren Monaten. Zimt und Anis sind ein Hinweis darauf, dass die *dolci di Settimana Santa*, die Süßigkeiten für die heilige Woche, gebacken werden. Auch Schokolade gehört hierhin, allerdings erst an Ostern, wenn jedes *uovo di cioccolato* bzw. Schokoladenei ausgewickelt und zerbrochen werden muss – ein nicht ganz so heiliges Ritual, das Glück bringen soll.

Man kann sich kaum vorstellen, wie der Zimt, ein exotisches und teures Gewürz, einst hier heraufgefunden hat. Von den Bäumen fernöstlicher Wälder auf diesen westlichen Gipfel – in den hungrigen Zeiten der *cucina povera* –, das hört sich nach einer eher ungewöhnlichen Route an.

Ich frage mich, ob er wohl über Venedig, dessen Kaufleute einst das Monopol über den europäischen Gewürzhandel mit dem Orient besaßen, langsam nach Süden gelangte? Oder brachte ihn vielleicht ein Hausierer von Neapel mit herauf, wo man die süßen *sfogliatelle* herstellt, muschelförmige Taschen aus federleichtem Teig, die mit gebackenem Ricotta, Zimt und kandierter Zitrusschale gefüllt sind? Aus welcher Richtung der Zimt einst auch gekommen sein mag, *torta di ricotta alla cannella*, Ricotta-Zimt-Kuchen, ist, wie man mir versichert und so seltsam es mir auch erscheint, ein traditionelles Ostergebäck Campodimeles.

Der Duft des Anis erklärt sich da schon leichter – obwohl es eigentlich gar kein echter Anis ist. Tatsächlich handelt es sich bei diesem Imitat um das Aroma des im September gelb blühenden wilden Fenchels – eine weitere auf dem Wind einhersegelnde Duftnote, die einem an diesem Ort der Erde gelandeten Zeitreisenden verraten würde, in welcher Jahreszeit er sich befindet.

»Papà fa questo«, sagt Aminta, deren Mann Roberto Zannella der Bürgermeister Campodimeles ist. Sie greift hinauf in ihr Küchenregal, schraubt den Deckel des Glases auf und lässt mich den Duft der getrockneten *finocchietti*, der wilden Fenchelsamen, einatmen: »Die sammelt mein Vater.« Von den wilden Rändern bewirtschafteter Äcker, entlang der Bergpfade – unkultiviertes Gemeindeland ist hier die Gratis-Speisekammer für alle, und auch ich habe Unmengen wilder Fenchelsamen in der hohlen Hand gesammelt und nach Hause getragen. Sie sind das entscheidende Aroma in einem weiteren typischen süßen Ostergebäck Campodimeles: dem *tortano*.

»Tor-tano!«, schallt es zurück, wenn ich den Leuten erzähle, dass ich selber mit eigenen Händen *tortano* backen will. Die Betonung liegt zwar korrekterweise auf der ersten Silbe, doch der Ton ungläubiger Verwirrung durchzittert das ganze Wort. *Buono*, finden das zwar alle – gut. Aber *tanto lavoro* – so viel Arbeit. All das Rühren und Kneten und dann muss man ja auch mindestens zwei Tage warten, bis der Teig aufgeht.

Ich finde diese Reaktionen merkwürdig. Die auf die Zubereitung guten Essens verwendete Zeit wird hier als Investment in Gesundheit und gutes Leben betrachtet, ja geradezu als Pflicht. Warum also dieser Widerwille, *tortano*, den kranzförmigen Hefekuchen, zu backen, dessen Textur irgendwo zwischen Biskuit und Brioche anzusiedeln ist?

Es dauert nicht lange, und ich erfahre, wo beim *tortano* der Haken liegt: Er ist ein höchst kapriziöser Kuchen.

In diesem Dorf, in dem ausgezeichnete Küche die Norm ist, höre ich mehr entnervte Geschichten über das *Tortano*-Backen als glückliche. Bei kühlem Wetter kann das Aufgehen des Teigs bis zu drei Tage dauern, ja, werde ich gewarnt, vielleicht sogar noch länger – *non si sa mai!* Man weiß nie!

»Er hat zu stark nach Hefe geschmeckt«, erzählt mir eine Freundin, die für ihr selbstgebackenes Brot berühmt ist, aber zugibt, dass sie ihren letzten *tortano* in den Mülleimer werfen musste. »Der Teig ist nicht aufgegangen«, lacht Paulina, die Mutter Amintas. »Einfach nicht aufgegangen!« Sie erzählt es, nachdem sie mir gestanden hat, dass der *tortano*, den sie mir vorher zum Kaffee serviert hat, aus der Bäckerei im benachbarten Lenola stammt.

Mein Freund Bruno wiederum hegt glückliche Kindheitserinnerungen ans *Tortano*-Backen. An Ostern machte seine Mutter Regina immer gleich zehn auf einmal, damit sie der Familie für die ganze heilige Woche reichten. Man lagerte sie in einer *mallia*, einer Art Tisch-Brotkasten mit Klappdeckel, in dem auch die allwöchentlich selbstgebackenen Brotlaibe verwahrt wurden.

Regina zählt inzwischen achtundneunzig Jahre, doch das Rezept für die Zubereitung von 10 *tortani* geht ihr so sicher über die Lippen, als habe sie erst gestern ihren letzten Schwung gebacken: *»venti uova, 4 kili di farina, 1 kilo di zucchero, 50 grammi di sale«*: 20 Eier, 4 Kilo Mehl, 1 Kilo Zucker und 50 Gramm Salz. Und, fügt sie hinzu, ein bisschen Hefe.

Sie erklärt mir, wie man den Teig zu Ringen formt, diese mit verschlagenem Ei glasiert und in den *forno a legna*, den Holzofen, schiebt, der hier in die Wände vieler Häuser eingemauert und vor der Ankunft von Gas und Elektrizität die einzige Möglichkeit zum Backen war.

»Der Ofen darf nicht zu heiß sein«, rät Regina, obwohl ich keine Ahnung habe, wie sie in diesen jahrhundertealten Flammenhöllen die Temperatur gemessen haben. »Und der Teig muss mit einer Wolldecke abgedeckt werden, bis er gegangen ist.«

Ich sehe Regina häufig im Dorf, vor allem im Sommer – inzwischen geht sie am Stock, steigt aber die Steingassen und -treppen hinauf und hinunter, um in San Michele Arcangelo die Messe zu besuchen. Manchmal spüre ich, wenn ich auf der Piazza plaudere, eine weiche Hand auf dem Arm, drehe mich und erblicke Regina, die ihre *passeggiata* unterbricht, um sich mit mir zu unterhalten. Immer noch näht sie auf einer Singer-Nähmaschine mit Handkurbel, die wie sie sagt, *»più vecchia di me«* sei. An dem Tag, an dem sie mir vom *tortano* erzählt, zeigt sie mir auch rosa Bettsocken, die sie gerade erst gestrickt hat – auf dünnen Nadeln gezogene, unendlich feine Maschen, und erzählt von einem orangefarbenen Schal, den sie als Nächstes häkeln will.

Das *Tortano*-Backen hat sie allerdings schon seit langem aufgegeben. Schließlich kann man den Hefering heutzutage ja ohne weiteres kaufen, und die meisten Leute haben *grazie a Dio*, Gott sei Dank!, auch das Geld dafür. Mir dämmert inzwischen, dass die heimische Herstellung von *tortano* nicht gerade die leichteste Aufgabe sein kann, wenn sogar Regina sie nicht empfehlen mag.

Der Ricotta-Zimt-Kuchen dagegen ist eine völlig andere Sache.

Ricotta hat im Frühjahr Saison, weswegen er auch in diesem Feiertagskuchen Verwendung findet. Nach langen kalten und feuchten Wintern bringen die Bergziegen und -schafe im März und April ihre Zicklein und Lämmer zur Welt und geben ziemlich viel Milch – die sowohl zum Säugen ihrer Jungen als auch den Schäfern für die Käseherstellung reicht. Als Erstes macht man den *formaggio*, lange Zylinder aus fermentierter Milchtrockenmasse, dann ist der Ricotta an der Reihe, was wortwörtlich so viel wie »nochmals gekocht« bedeutet: ein weicher cremiger Käse, hergestellt aus der wiedererhitzten Molke, die nach der Herstellung des *formaggio* übrig bleibt. Am besten ist der Ricotta in den ersten Frühlingswochen, wenn er süß nach jungem Berggras und den winzigen Blümchen schmeckt, von denen sich die Tiere ernähren.

Wir – das heißt, Aminta, ihre Mutter Paulina, ihre Schwägerin Irma und ich – haben uns in Amintas heller und luftiger Küche versammelt. Es ist eine riesige *cucina abitabile*, also eine »bewohnbare« oder vielleicht eher Wohnküche, ein Begriff, den italienische Immobilienmakler zur Beschreibung von Küchen verwenden, die außer fürs Kochen auch noch Raum zum Essen und zum Wohnen bieten – und ohne Zweifel der beliebteste Raum eines italienischen Hauses sind. Irma dreht den Ricotta durch einen *mulino per verdure*, eine handbetriebene »Gemüsemühle«. Und wie cremige Spaghetti zwängt sich der Ricotta durch die winzigen Löcher. Irma schlägt Eier, Zucker und ein kleines Fläschchen *aroma di limone*, Zitronenöl, darunter und fügt auch noch eine Prise Zimt hinzu.

Während Irma arbeitet, bereitet Paulina die *sfoglia* zu, den Teigboden, der aus Mehl, Zucker, einem Ei, einer Prise Salz, ebenfalls etwas Zimt und zu meiner Überraschung auch Olivenöl besteht. Nie zuvor habe ich erlebt, dass man für süßen Teig Olivenöl verwendet – doch schließlich ist es hier in der Gegend die praktischste und günstigste Fettart. Wird aber in einem Rezept doch einmal tierisches Fett verlangt, so ist *strutto* oder Schweineschmalz bis heute häufig das Fett der Wahl – ein Geschmack, der noch in Zeiten zurückreicht, als in den meisten Familien eigene Schweine gemästet und geschlachtet wurden.

Paulina vermischt die Zutaten in einer Schüssel, klatscht den Teig anschließend auf die steinerne Arbeitsplatte und fährt fort, sämtliche Regeln zu missachten, die ich je über die Behandlung eines Teigs gelernt habe, aus dem mal ein Mürbeteig werden soll. Heftig knetet und walkt sie ihn ein paar Minuten lang durch, um ihn dann so dünn wie möglich mit dem Nudelholz auszurollen. Dann hält sie ihn in Richtung Küchenfenster und lächelt, als das Licht hindurchscheint.

»Wie für frische Eierpasta«, meint Aminta.

Nun wird die Kuchenform mit Teig ausgelegt, die Ricottafüllung hineingegossen, und aus den Teigresten schneidet man *strisciarelle*, dünne Streifen, die man als Gitter darüberdrapiert – und schon wandert der Kuchen in die Röhre des Elektroherds.

Natürlich gibt es schlichtere Osterkuchen – nicht zuletzt die *co-*

lomba pasquale oder Ostertaube, ein Gebäck in Form des christlichen Symbols für Frieden und neues Leben. Gehaltvoll wie der lombardische *panettone*, hocken gegenwärtig ganze Volieren von *colomba pasquale* schleifchenverziert in den Läden und warten auf Käuferinnen, denen es sowohl an Zeit wie auch Lust zum Selberbacken mangelt.

In Campodimele allerdings ist es in vielen der Großfamilien noch immer Tradition, dass sich die Frauen in einer Küche zusammenfinden, um süße Osterkuchen zu backen. Drei Nachspeisen gibt es, die traditionell das Essen am Ostersonntag beschließen. Die erste ist die *torta di riso*, eine Reistorte, deren Füllung aus einer Reihe von Importgütern besteht: zunächst einmal dem Reis, der schon immer aus den Ebenen des Nordens heruntergebracht werden musste, denn hier im Bergland wird er nicht angebaut; dann den Gewürznelken, einer weiteren exotischen Zutat aus dem Orient; und dann auch noch der Zitronenschale, die man aus den Zitrushainen des etwas tiefer gelegenen und 25 Kilometer entfernten Fondi bezieht. Bei der zweiten Gebäckspezialität handelt es sich um den *tortano* – falls er sich denn entschließen kann, einmal aufzugehen. Und die dritte ist die *torta di ricotta*, die Aminta gerade aus dem Ofen zieht.

Sie sieht umwerfend aus – der Ricotta ist aufgegangen wie ein Soufflé und wölbt sich wie eine in der Frühlingsbrise hüpfende und von güldenem Sonnenschein vergoldete Schäfchenwolke; wäre da nicht das Teiggitter, sie würde mit Sicherheit davonschweben. Langsam sinkt sie zu Boden, stößt ihren heißen Atem aus und fällt allmählich zu einem gänzlich flachen Kuchen zusammen. Abgekühlt schmeckt die Torte süß und cremig, wobei der Zimt mehr Subtilität auf der Zunge entwickelt als in der Nase. Die *torta* ist erfrischend in ihrer Schlichtheit und perfekt als Folgegang nach den gehaltvollen Schmorgerichten des Festmahls. Obwohl ich, als Aminta eine zweite Torte aus dem Ofen zieht, denke, dass ich sie immer wieder backen werde, das ganze Jahr hindurch, einfach, um die federleichte milchige Füllung in ihrem Teigkäfig zucken zu sehen, als wolle sie wieder auf die Bergweide hinaus entwischen, von der sie stammt.

Heute riecht meine Küche nach Fenchel. Letzte Woche tat sie es auch. Und vor zwei Wochen nicht minder. Beim dritten Versuch hat es endlich geklappt mit dem *tortano*: Er ist gehaltvoll, aber biskuitartig und weich. Die zwei Tage Warten, die der Teig zum Aufgehen brauchte, haben sich gelohnt, – und auch die zwei Male vorher, als er es nicht tat.

Doch obwohl der Kuchen schließlich gelungen ist, hat er leider auch einen Makel. Denn Ostern ist längst vorbei. Wir haben dieses entscheidende Datum des christlichen Kalenders mit einer Osternachtsmesse in der elend kalten Kirche begrüßt, bei der wir unsere Hände an Kerzen wärmten, die wir an der Osterflamme entzündet hatten. Und nun sind die schneeversengten Gipfel der Aurunker Berge wieder zu Grün zerschmolzen. Heute ist die Luft wunderbar warm und schreit geradezu nach den kühlen Noten der Minze, dem ruhigen Atem der Kamille und dem süßen, frischen, kräftigen Duft, mit dem das Basilikum die schwere Luft durchdringt. Daneben gibt es nun auch die üppigen, warmen Aromen von Fenchel und Zimt, ideal, um uns von der Gasse ins Haus zu locken an die mit Holz beheizten Kamine.

Ogni cosa ha il suo momento. Alles hat seine Zeit. Die für den Fenchel ist jetzt vorbei, genauso wie die für den Zimt. Erst nächstes Ostern werde ich sie wieder willkommen heißen.

Torta di ricotta alla cannella – Ricotta-Zimt-Torte

Italienische Festtagstorten sind meiner Erfahrung nach riesig – vermutlich deswegen, damit auch jeder aus der um die Festtafel versammelten Großfamilie ein Stück davon abbekommt. Für das untenstehende Rezept benötigt man eine Kuchenform von etwa 27 cm Durchmesser, die mindestens 3 cm tief sein muss. Auch eine kleine *mulino per verdure* oder eine Kartoffelpresse kann nützlich sein.

Für die Füllung:
Butter, zum Einfetten
800 g Ricotta – traditionell nimmt man Schafsmilchricotta, obwohl heute
   viele die fast überall in Italien erhältliche, mildere Mischung aus
   Schafs- und Kuhmilchricotta verwenden
8 mittelgroße frische Bioeier
8 schwach gehäufte EL Zucker
Abgeriebene Schale von 1 kleinen unbehandelten Zitrone oder
1 kleines Fläschchen aroma di limone (Zitronenaroma)
1 gestrichener TL gemahlener Zimt

Für den Teig:
200 g italienisches Mehl tipo 00 (doppio zero), das Weizenstärke enthalten
   sollte, oder deutsches Mehl Type 405, sowie etwas mehr zum Ausrollen
2 gestrichene EL Zucker
½ TL Zimt
1 kräftige Prise feines Meersalz
1 mittelgroßes frisches Bioei
2 knappe EL Olivenöl extra vergine
Noch 1 Ei – zum Bepinseln des Teigs vor dem Backen

Den Ofen auf 180 °C vorheizen. Die Backform mit etwas Butter einfetten und leicht mit Mehl bestäuben.

   Falls Sie eine *mulino per verdure* oder Kartoffelpresse besitzen, diese über eine große tiefe Schüssel stellen und den Ricotta durchdrehen oder -drücken, so dass der Käse spaghettiähnlich aus den Löchern tritt. Falls Sie nichts dergleichen besitzen, etwa zwanzig senkrechte Einschnitte von Ost nach West und zwanzig von Nord nach Süd machen, in die Schüssel geben und glatt schlagen.

Die Eier aufschlagen, in eine separate Schüssel geben und kräftig verschlagen. Zur Käse-Schüssel hinzufügen und gründlich unterrühren, um sicherzustellen, dass Käse und Eier gut miteinander vermischt sind.

Zucker, Zitronenschale und Zimt hinzufügen und gründlich unterrühren. Dann ruhen lassen.

Nun den Teig zubereiten, indem man das Mehl auf eine große ebene Arbeitsfläche oder in eine Schüssel siebt. Zucker, Zimt und Salz dazugeben und gründlich vermischen. In die Mitte der Mehlmischung eine Mulde drücken.

Nun das Ei verschlagen, das Öl hinzufügen und gründlich unterschlagen. In die Vertiefung im Mehl gießen.

Mit klauenartig gekrümmten Fingern in der Mitte der Mulde beginnen und langsam das Mehl unter die flüssigen Zutaten mischen, wobei man die Mehlportion jeweils gründlich einarbeitet, ehe man eine weitere Handvoll Mehl untermischt. Fortfahren, bis man einen zusammenhängenden Teig erhält.

Nun muss man den Teig – wie bei frischer Eierpasta – mehrere Minuten lang kräftig durchkneten. Fortfahren, bis der Teig glatt und alles Mehl eingearbeitet ist.

Nun die Arbeitsfläche und ein Nudelholz leicht bemehlen und den Teig zu einer großen dünnen Platte ausrollen. Dazu zunächst von oben nach unten, und dann von rechts nach links rollen. Schließlich den Teig auf das Nudelholz rollen, Arbeitsfläche erneut mit Mehl bestäuben, die Teigplatte umdrehen und die Ausrollprozedur wiederholen. Dies alles mehrere Male wiederholen, bis der Teig nur noch wenige Millimeter dick ist. Idealerweise hängt man ihn über das Nudelholz, hält ihn vor einem Fenster in die Höhe und kann dann sehen, ob die Sonne hindurchscheint.

Ist der Teig fertig, die Tortenform sorgfältig damit auskleiden und überschüssigen Teig mit einem scharfen Messer abschneiden.

Entscheidend für diese Teighülle ist, dass die Füllung nicht herausquellen soll; daher Risse im Teig unbedingt mit Teigresten ausbessern, die man mit etwas verschlagenem Ei festklebt. Den übrigen Teig für die *Strisciarelle*-Teigstreifen aufheben.

Nun vorsichtig die Ricottamasse in die mit Teig ausgekleidete Form schöpfen.

Den verbliebenen Teig zu einem langen Streifen ausrollen und mit einem Teigrädchen oder scharfen Messer in 6 *strisciarelle* schneiden, die lang genug sind, um sie quer über die Form zu legen.

Das zusätzliche Ei gründlich verschlagen und den Teigrand leicht damit bepinseln.

Die Streifen in regelmäßigen Abständen über den Ricotta legen, so dass man ein Rautengitter erhält, und die Enden fest auf den Teigrand drücken.

Damit das Gitter auf dem fertigen Kuchen schön glänzt, die *strisciarelle* mit dem restlichen Ei bepinseln.

Auf der mittleren Ofenschiene etwa 30–40 Minuten backen; der Kuchen ist fertig, sobald der Ricotta souffléartig aufgegangen ist und das Teiggitter eine schöne goldbraune Farbe hat.

In der Form abkühlen lassen und – am besten erst am Folgetag – bei Zimmertemperatur servieren.

Zwecks Abwechslung mischen manche Campomelani auch 1 EL dunkle Schokoladenstückchen unter die Füllung, ehe sie sie auf den Teigboden gießen.

Für 12 Personen.

Tortano – Osterkranz

Letztendlich führten das folgende Rezept und die unten beschriebene Methode zu einem wirklich lohnenden Ergebnis – einem echten Genuss. Falls Sie *lievito naturale*, also Sauerteig, bekommen können, dann verwenden Sie ihn in diesem Rezept. Falls nicht, können Sie nach den Anweisungen auf Seite 244 Ihren eigenen ansetzen. Er muss etwa 2 Wochen lang gären, ehe man den *Tortano*-Teig daraus herstellen kann.

1 kg italienisches Weizenmehl tipo 00 (doppio zero) oder
   deutsches Mehl Type 405
5 mittelgroße frische Bioeier
250 g Zucker
12 g feines Meersalz
1 gehäufter EL wilde Fenchelsamen, leicht im Mörser zerstoßen
1 kleine Handvoll lievito naturale, gehackt
1 weiteres Ei zum Glasieren

Am Abend, bevor man den Teig für den *tortano* macht, *lievito naturale* in einer Schüssel mit etwa 250 ml lauwarmem Wasser vermischen und über Nacht gären lassen.

Am nächsten Tag Mehl in eine große, flache Schüssel geben und eine Mulde hineindrücken.

Die Eier in eine Schüssel schlagen, dann Zucker, Salz, Wildfenchelsamen und Sauerteig dazugeben. Gut vermischen.

Diese Mischung in die Mehlmulde gießen, mit den Fingern von innen nach außen arbeitend immer mehr Mehl in die Eimischung hineinziehen und mit den flüssigen Zutaten vermengen. Weitermachen, bis alles Mehl untergemischt ist.

Den Teig auf eine flache Arbeitsfläche kippen und kneten, indem man den Handballen nach vorn in die einem zugewandte Teigkante drückt, dann das abgewandte Teigende hoch- und über den Rest des Teigs zu sich herzieht und schließlich das Ganze wiederholt. So etwa

15–20 Minuten weiterkneten, bis man einen glatten und elastischen Teig erhält.

Den Teig in eine Schüssel geben, die zweimal so groß ist wie er selbst, mit einem sauberen Geschirrtuch oder Frischhaltefolie abdecken und an einen warmen Ort stellen, wo er auf das Doppelte seines Volumens aufgehen kann – was durchaus 2–3 Tage in Anspruch nehmen kann.

Falls man, wie viele Hausfrauen in Campodimele, das Glück hat, einen *forno a legna* zu besitzen, befeuert man ihn so lange, bis von den Scheiten nur noch Holzkohle übrig ist. Oder aber man heizt den Backofen auf 200 °C vor.

Nun den aufgegangenen Teig auf eine bemehlte Arbeitsfläche geben und in 3 Portionen schneiden.

Ein Drittel des Teigs zu einer dicken, langen Wurst rollen, deren Enden man zusammenführt und glatt miteinander verbindet, so dass man einen Ring erhält. Ebenso mit den zwei anderen Teigstücken verfahren.

Drei Backbleche leicht mit Olivenöl einfetten und die *tortani* daraufsetzen. Das zusätzliche Ei in einer Schüssel verschlagen und die *Tortano*-Kränze damit glasieren.

Etwa 35–45 Minuten backen, bis die *tortani* oben goldbraun sind und ein Testspieß sauber bleibt.

Auf einem Kuchengitter auskühlen lassen und in einem luftdicht verschließbaren Behälter aufbewahren.

Ergibt 3 *tortani*.

Torta di riso alla cannella – Reistorte mit Zimt

Für eine süßere Variante dieser würzigen Reistorte mischen manche Campomelani einen Schuss *Liquore Strega*, einen Kräuterlikör, unter die Füllung.

Für den Teig:
1 Teigportion, zubereitet mit Olivenöl, wie im Rezept für torta di ricotta
   alla cannella auf Seite 84 beschrieben
1 Ei zum Bepinseln des Teigs

Für die Füllung:
400 g riso classico – der klassische, in italienischen Feinkostgeschäften
   erhältliche Reis (oder Milchreis verwenden)
500 ml frische Biovollmilch
1 langer Streifen unbehandelte Zitronenschale – unbedingt die weiße Haut
   entfernen
3 Gewürznelken
5 mittelgroße frische Bioeier
200 g Zucker
1 gestrichener TL gemahlener Zimt
2 TL Liquore Strega (falls gewünscht)

Den Ofen auf 180 °C vorheizen.

Eine runde Backform von 27 cm Durchmesser dünn einfetten und leicht mit Mehl bestäuben.

Nach den Anweisungen auf Seite 84 den Teig herstellen und die Tortenform damit auskleiden, wobei man aus dem übrig bleibenden Teig 6 *strisciarelle* schneidet.

In einem großen Topf Wasser erhitzen. Sobald es sprudelt, den Reis dazugeben, erneut zum Sieden bringen und fünf Minuten köcheln lassen.

Das Wasser abgießen. Die Milch zusammen mit der Zitronenschale und den Gewürznelken zum Reis in den Topf geben, zum

Kochen bringen und bei sehr schwacher Hitze 5 Minuten köcheln lassen.

Den Topf vom Herd nehmen und den Reis mindestens 1 Stunde lang im offenen Topf abkühlen lassen.

Ist die Milchreismasse abgekühlt, Zitronenschale und Gewürznelken entfernen. Die 5 Eier in einer großen Schüssel gründlich verschlagen und den Zucker unterrühren. Den Reis zusammen mit Zimt und *Strega*-Likör (falls verwendet) unter die Eier rühren und rasch und gründlich vermischen.

Diese Füllung in die mit Teig ausgekleidete Form gießen, die *strisciarelle* darüberdrapieren und an den Rändern festdrücken.

Das Ei für die Glasur in einer Schüssel gründlich verschlagen und *strisciarelle* und Teigrand damit bepinseln, so dass der gebackene Kuchen schön glänzt.

Auf der mittleren Ofenschiene 40–45 Minuten backen, bis Teig und Reis an der Oberseite leicht goldbraun geworden sind.

Für 12 Personen.

Auf der Suche nach Mamma

»*Guarda la Mamma!*« Mit grün verfärbtem Finger deutet Adalgesia di Fonzo in eine mittlere Entfernung, fegt den herabhängenden Ast eines Ölbaums beiseite und wiederholt die Worte, die sie schon seit einer Stunde alle paar Minuten flötet: »Schau, da ist die *Mamma!*«

Und schon ist sie wieder weg. Steigt den steinigen Bergpfad hinauf, rutscht seitlich die grasige Böschung hinunter, umklammert haltsuchend die Wurzeln eines Ölbaums, während sie sich gleichzeitig auf geradezu schwindelerregende Art zurückbeugt, um die schütteren, farnartigen Blätter zu inspizieren, die man hier in der Gegend als *la Mamma* bezeichnet.

»*Dove si trova la Mamma, si trovano gli asparagi*«, erklärt sie – wo man die Mamma findet, findet man auch Spargel.

Und das tut sie. Aus den kieferndunklen Blättern der Mamma ragt armeegrün, als ob er sich vor Jägern verstecken müsse, der hohe kerzengerade Spross und die geflochtene Spitze des *asparago selvatico*, des Wildspargels. Ein trockenes Knacken in der Frühlingsstille, und der Stängel gehört ihr und wird in das Bündel zu den etwa hundert anderen gesteckt, die sie an diesem Morgen – für unser heutiges Hauptgericht – bereits gesammelt hat.

Unsere Spargelsuche begann um sieben Uhr an diesem Frühlingsmorgen, als es noch kühl war, das Gras noch entsprechend feucht, und die Schlangen in ihren Schlafwinkeln blieben. Doch nun gegen acht scheint die Sonne schon kräftig vom Himmel herunter.

»*Serpenti*«, meint Adalgesia, eine Warnung, die besagt, dass die grasgrünen Schlangen mit der zunehmenden Hitze langsam rege werden und nach heißen Felsen und Nahrung suchen. Doch sie selbst bleibt unbeirrt. Seit etwa fünzig Jahren sucht sie nun schon nach wildem Spargel, seit sie ihren Mann Elio geheiratet hat und zu ihm nach Taverna zog – den unteren Ortsteil von Campodimele, der sich rechts und links der Bergstraße erstreckt. Um Adalgesia – mit ihren inzwischen dreiundsiebzig Jahren – vom Sammeln dieser Frühlingsdelikatesse abzuhalten, braucht es schon mehr als die Gefahr eines Schlangenbisses, zumal sie sich obendrein mit einem derben Stock bewaffnet hat.

»*Ogni cosa ha il suo momento*«, sagt Adalgesia. So lautet das mir inzwischen wohlvertraute Mantra des *contadino*. Entweder wir sammeln sie jetzt, oder sie werden nicht mehr da sein.

Die Saison des wilden Spargels ist kurz, dauert nur etwa sechs, sieben Wochen im März und April, und dieses kurze Zeitfenster wird sehnsüchtig erwartet. Der Zuchtspargel befindet sich bereits in den Läden, doch die feinen Aromen der weißen, lilafarbenen und sogar grünen Kultursorten haben nur wenig mit der köstlich grasigen Bitterkeit gemeinsam, die den Wildspargel auszeichnet.

Daher rühren auch die Heere von Spargelsuchern, die seit einigen Tagen die Hänge Campodimeles unsicher machen. Und die in vielerlei Gestalt auftreten – als kopftuchtragende *contadine*, die ihre eigenen Grasflächen abernten, als mittelalte Kleinstädter, die irgendwo ihren Mercedes geparkt haben, um über Gemeindeland oder sogar die Ränder von Privatgrundstücken herzufallen. Letztere wissen genau, wie unwahrscheinlich es ist, auch nur einen einzigen Bund Wildspargel auf dem Markt oder bei einem Gemüsehändler zu ergattern, und hochgeschätzt ist jede Köchin, die Freunde einlädt, um ihre selbstgepflückten Stangen zu kosten.

Die meisten Spargelsucher sieht man nach Regentagen, denn der wilde Spargel liebt Frühlingsschauer. Nach ein paar heißen, trockenen Tagen findet man womöglich nichts, doch ein einziger kräftiger Platzregen lässt sie wieder fest und glänzend himmelwärts sprießen, und dies ist der Augenblick, sie zu pflücken – wenn sie gerade neu ausgetrieben haben und vor bitterer Saftigkeit nur so strotzen. Das heißt, wenn Sie sie finden.

Dies ist meine erste Spargelsuche, und schon jetzt habe ich das Gefühl, dass ich wahrscheinlich die ganze Saison brauchen werde, um ein einziges Stänglein zu finden, ganz zu schweigen von genug Spargeln für die Spargel-Frittata, deren Zubereitung Adalgesia mir zeigen will. Die Stangen wachsen vereinzelt und spärlich an den schattigen Stellen der Ölbaumterrassen hinter ihrem Haus. Und bei der *Mamma* handelt es sich natürlich nicht um die Mutter der Spargelstangen, sondern eine Spargelstange, die übersehen wurde und sich daher im Laufe der Zeit in eine Fülle filigraner Blätter von etwa 30 Zentimetern Länge verwandelt hat. Die *Mamma* sei der verlässlichste Indikator für frisch gesprossene Stangen, erinnert mich Adalgesia, doch sie inmitten all des wuchernden Frühlingsgrüns zu erspähen scheint schwieriger, als zunächst vermutet. Und auch nachdem ich die belaubte Mutter gefunden habe, brauche ich noch zwei, drei Minuten zum Rastern der Blätter und jede Menge Winke und Fingerzeige Adalgesias, um die Stange schließlich zu entdecken. Dünn wie ein Wollfaden und von tarngrüner Farbe, klingt der brechende Stängel unter meinen Fingern zwar wie ein anerkennendes Schulterklopfen inmitten des morgendlichen Vogelgezwitschers, doch meine Frittata scheint mir noch immer ein hartes Stück Arbeit entfernt.

Zum Glück hat Adalgesia schärfere Augen als ich, und wir haben bereits mehr als genug gepflückt. Mit einer Hand fuchtelt sie mit ihrer Spargelausbeute in meine Richtung, mit der anderen gestikuliert sie in Richtung Sonne. »A casa!«, meint sie bestimmt. »Nach Hause!« Und sie rennt fast den Hügel hinunter auf das steinerne Bauernhaus zu, in dem sie ihrem Gatten tagtäglich viergängige Mittagessen serviert.

Wildspargel-Frittata ist ein typisches Frühlingsgericht Campodimeles und das erste, über das die Dorfbewohner sprechen, sobald klar ist, dass die Saison begonnen hat – wobei man sich auch daran erinnert, dass diese Pflanze wegen ihrer harntreibenden Eigenschaften geschätzt wird und dem Urin einen grasigen Geruch verleiht.

Frittata, die italienische Alternative zum französischen Omelette, ist innerhalb von Minuten zubereitet. Sie schmeckt sowohl warm als auch kalt und ist ein vielseitiges Gericht, gut geeignet zum sofortigen Verzehr daheim, und genauso gut, wenn man sie kalt in den Picknickkorb steckt. Oft essen sie die Campomelani als *secondo* zu Mittag, eventuell mit einem *contorno* aus eingelegten Paprikaschoten und Auberginen, deren Süße einen wunderbaren Kontrast zum bitteren Spargel bildet. Bei einem festlichen Essen kann die Frittata auch zusammen mit den Antipasti als Vorspeise serviert werden.

Heute macht mir Adalgesia eine Frittata zum Frühstück. Trotz der Mühe, die uns die Suche nach diesen Stängeln gekostet hat, lässt man ihnen nicht jene behutsame Behandlung angedeihen, die, wie ich mir immer einbildete, bei gekauftem Spargel nötig sei – das langsame Dämpfen in hohen Töpfen, um die Spitzen zu schonen, und das Schwenken in Unmengen von Öl. Die wilden Spargelstangen werden unter rasch fließendem kaltem Wasser gesäubert, in einem Sieb herumgeworfen, dann auf die PVC-Küchentischdecke geklatscht. Das Wurzelende einer Stange in der linken Hand haltend, bricht Adalgesia mit der Rechten die Spitze ab und dann weitere etwa 2 cm lange Stücke, bis ihre Finger auf den holzigen Widerstand des unteren Stangenteils stoßen, den sie wegwirft. Dann gibt sie etwas Olivenöl in die beschichtete Pfanne (von etwa 25 cm Durchmesser), die sie ausschließlich für Frittatas verwendet, erhitzt es und wirft die Spargelstücke hinein, so dass sie bei hoher Temperatur einige Minuten lang braten. Ihr Geschmack sei so stark, erwidert sie auf meine fragend hochgezogenen Augenbrauen, dass sie die intensive Hitze durchaus vertragen könnten.

Wenn man für die Zutat seiner Frittata derart schwer geschuftet hat, dann tun es auch nur die besten Eier, und Adalgesia lächelt, als sie zehn Eier unterschiedlichster Größe und Brauntöne in eine Glasschüssel schlägt.

»*Caserecce*«, meint sie mit anerkennendem Kopfnicken in Richtung der Eier, die ich besorgt habe. *Caserecce*, »aus hauseigener Produktion«, ein klassischer Grundsatz der traditionellen Küche Campodimeles und das höchste Kompliment, das man in dieser Gegend einem Nahrungsmittel zollen kann. Ich habe diese zehn Eier gestern im Nachbarstädtchen Lenola in einer *macelleria*, einer kleinen handwerklich arbeitenden Metzgerei, gefunden, und obwohl die Schalen ziemlich grob wirken, frage ich mich dennoch, ob sie tatsächlich eine *contadina* in einem ihrer Hühnerställe und von ihren freilaufenden, maisgefütterten Vögeln aufgesammelt hat oder ob es sich womöglich doch um ein Massenprodukt handelt. Aber das sehe man doch, dass sie *caserecce* seien, meint Adalgesia, schon von ihrer Struktur her: Die Dotter sind hochgewölbt und rund wie Vollmonde, strahlend wie untergehende Sonnen und umgeben von einer inneren Eiklarhülle, um die sich transparentes Eiweiß legt. Diese Eier seien nur etwa einen Tag alt, und nur *Caserecce*-Eier gelangten so rasch von der Henne in die Küche. »Keine Chemie«, fügt sie hinzu. »Ebenso wenig wie beim Spargel.«

Sie wirft eine Handvoll gehackter glatter Petersilie in die Schüssel, die sie auf dem Weg in die Küche noch in ihrem Kräutergarten abgerissen hat, stellt dann einen Stuhl neben den Herd und springt hinauf, um in einem Wandschrank nach etwas zu stöbern. Ich zucke zusammen, während sie auf dem Klappstuhl balanciert, die dreiundsiebzig Jahre alten Beine nur Zentimeter vom Pfannengriff und dem brutzelnden Öl entfernt.

»*Sale*«, meint sie und hält ein Salzfass in die Höhe. »*Non Zucchero!*«, fügt sie hinzu und deutet auf die Zuckerdose auf dem Regal. »Einmal habe ich aus Versehen Zucker in die Frittata gestreut! Was für eine Vergeudung von wildem Spargel!«

Sobald Eier, Petersilie, Salz in der Schüssel sind, schlägt sie die Mischung mit einer Gabel schaumig und gießt dann den gelben Strom unter Zischen und Spucken in die Bratpfanne. Langsam fährt sie mit einem Holzlöffel um die ganze Pfanne herum und zieht die gegarten Frittataränder zur Mitte, so dass das noch rohe flüssige Gold zu den Rändern hin nachfließen kann, sich erhitzt und zu stocken beginnt. Ihre Teflonpfanne ist ein modernes Gerät, das nicht zur traditionellen Einfachheit ihrer Küche – dem steingefliesten Boden, dem offenen Kamin – zu passen scheint. Mit einer Stahlpfanne hätte ich hier gerechnet, die sich, nach Tausenden von bäuerlichen Mahlzeiten ensprechend gealtert, mit einer natürlichen Antihaftbeschichtung überzogen hat. Doch Adalgesia blickt verwirrt, als ich sie frage, warum ihr eine solche Antihaftpfanne lieber ist. *»Non si attacca«*, erklärt sie freundlich, »Weil da nichts anhaftet.«

Nachdem sie fünf Minuten lang mit den Eiern zugange war, legt sie einen blau-weiß gemusterten Teller auf die Pfanne, wendet das Ganze und nimmt die Pfanne weg, so dass die Frittata nun mit der garen Seite nach oben zeigt. Dann lässt sie sie – mit der ungegarten Seite nach unten – in die Pfanne zurückgleiten, und dreißig Sekunden später *è pronto*. Das Frühstück wird serviert. Die Kruste der Frittata ähnelt goldenen Schichten knuspriger Spitze, das petersilienduftende cremige Innere wird vom grasigen Biss der Spargelstücke unterbrochen. Deswegen also der ganze Wirbel!

Die Zubereitung des Frühstücks hat lediglich ein paar Minuten gedauert, das Sammeln der Zutaten allerdings mehr als eine Stunde – und wenn man einen kleinen Hof zu bestellen hat, Hühner, Ziegen und Schafe hält, einen Gemüsegarten bewirtschaftet, der einen Kilometer bergab an der Straße liegt, dann sollte Spargel-Frittata für Adalgesia und ihre Familie doch vermutlich eine eher seltene Delikatesse sein?

Sie schüttelt den Kopf. »Ich pflücke sie während der gesamten Saison – und wir essen sie das ganze Jahr über«, meint sie, und ich sehe, dass sie die restlichen Spargelstangen in kleine Stücke bricht und auf Tiefkühlbeutel verteilt. Gefrorener wilder Spargel?

»Warum nicht«, erwidert sie. »Wenn man sie direkt aus der Kühltruhe in die Pfanne gibt, schmecken sie fast wie frisch gepflückt.«

Erst Monate später begreife ich, dass diese kleinen Wildspargelstücke in geradezu idealtypischer Weise die puristische und gleichzeitig praktische Philosophie der Campodimele-Küche verkörpern: welche besagt, dass man mit ein wenig Planung im Heute den Lohn seiner harten Arbeit das ganze Jahr über genießen kann; dass haltbar gemachte Nahrungsmittel völlig in Ordnung sind, solange keine chemischen Konservierungsstoffe zum Einsatz kommen; dass wir die besten der alten Methoden bewahren können, während wir uns gleichzeitig die besten neuen aneignen sollten. Kurz, dass sich zwischen Vergangenheit, Gegenwart und Zukunft durchaus eine Balance finden lässt.

Frittata di asparagi selvatici – Wildspargel-Frittata

Wer keinen Wildspargel auftreiben kann, sollte den jüngsten und frischesten grünen Spargel kaufen, den er bekommen kann. In allen folgenden Rezepten werden Spargelstücke verwendet. Dafür hält man die Spargelspitze in einer Hand, das Wurzelende in der anderen. Nun die Spitze abreißen und dann den Stängel in Stücke brechen, bis man den Widerstand des holzigen Stieles spürt, den man wegwerfen sollte.

Eine Antihaftpfanne – entweder teflonbeschichtet oder durch vielfachen Gebrauch mit einer Ölschicht überzogen – ist für dieses Rezept von entscheidender Bedeutung.

20 Wildspargelstangen
3 Spritzer Olivenöl extra vergine
10 frische Bioeier
Feines Meersalz
1 Handvoll frische glatte Petersilie, fein gehackt

Die Spargelstangen in kaltem Wasser abbrausen, abtropfen lassen und – wie oben beschrieben – in 2 cm lange Stücke brechen.

Das Olivenöl in einer beschichteten 25-cm-Pfanne bei mittelstarker Temperatur erhitzen, den Spargel dazugeben und 2 Minuten braten, während man ihn gelegentlich mit einem Holzspatel bewegt.

Inzwischen die Eier mit einigen Prisen Salz nach Geschmack und der Petersilie in eine große Schüssel geben. Mit dem Schneebesen kräftig schlagen, damit die Masse möglichst locker und luftig wird.

Sobald die Spargelstücke etwa 2 Minuten in der Pfanne gegart, aber noch keine Farbe angenommen haben, die Eier dazugießen. Die Eimasse mithilfe des Spatels vorsichtig in der Pfanne herumschieben, so dass das noch rohe Ei nach unten gleitet, während die gegarte Eimasse oben zu liegen kommt. Auf diese Weise etwa

4 Minuten lang fortfahren, bis nur noch eine dünne Schicht rohen Eis an der Oberfläche der Frittata übrig bleibt.

Nun den Rand der Frittata mithilfe des Spatels anheben – ist sie auf der Unterseite schön goldbraun und knusprig, kann man sie wenden; wenn nicht, lässt man sie noch eine Weile weiterbraten.

Sobald die Unterseite der Frittata braun und knusprig ist, die Pfanne vom Herd nehmen und einen flachen Topfdeckel oder umgestürzten Teller darauflegen. Mit einer Hand den Pfannengriff festhalten, die andere auf den Deckel oder Teller pressen und die Pfanne rasch drehen, so dass die Frittata mit der garen Seite nach oben auf dem Teller liegt.

Die leere Pfanne wieder auf die Herdplatte stellen, die Frittata behutsam in die Pfanne zurückgleiten lassen, so dass die rohe Eimasse sich nun unten befindet. Frittata nochmals 30–60 Sekunden garen lassen, bis auch die Unterseite goldbraun geworden ist, dann rasch auf einen Teller gleiten lassen.

Mit einem scharfen Messer dreimal von oben nach unten und dreimal von rechts nach links schneiden, so dass man Frittataquadrate erhält. Heiß oder bei Zimmertemperatur genießen.

Für 4–6 Personen.

Spaghetti con asparagi al sugo rosso – Spaghetti mit Spargel in roter Sauce

Für die Zubereitung der Sauce sollte man einen großen, tiefen Topf verwenden, damit man später die gekochten Spaghetti dazugeben und mit ihr vermischen kann und jede Nudel mit *sugo* bedeckt ist.

2 oder 3 Spritzer Olivenöl extra vergine
20 Spargelstangen, in kurze Stücke gebrochen (siehe Seite 97)
1 mittelgroße Zwiebel, fein gehackt
1 Schuss guter trockener Weißwein
750 ml selbsteingekochte Tomatensauce (siehe Seite 280)
½ Stange sehr frischer Bleichsellerie mit Blättern, leicht zerdrückt
1 großer Stängel glatte Petersilie
Feines Meersalz
400 g Spaghetti
1 Handvoll gehackte glatte Petersilie zum Garnieren (falls gewünscht)

In einem tiefen Topf das Öl bei mittlerer Temperatur erhitzen, Spargel und Zwiebel hinzufügen und einige Minuten lang anschwitzen.

Mit einem kräftigen Schuss Weißwein ablöschen und die Flüssigkeit etwas einkochen lassen.

Dann ein kleines Glas kaltes Wasser, Sellerie, Petersilie, eine kräftige Prise Salz und die Tomatensauce hinzufügen.

Die Sauce zum Köcheln bringen, Hitze herunterschalten und etwa 20 Minuten weiterköcheln lassen; dabei gelegentlich umrühren, damit das Kochgut nicht anhaftet. Inzwischen sollte ein Großteil des Wassers verdampft und eine dicke Sauce entstanden sein. Die Hitze nochmals reduzieren.

Nun die Spaghetti aufsetzen – in einem großen Topf Salzwasser zum Sieden bringen und die Nudeln gemäß Packungsanweisung, in der Regel 8–10 Minuten lang, kochen.

Sobald die Spaghetti al dente sind, beide Töpfe vom Herd nehmen. Die Spaghetti in ein Sieb gießen, abtropfen lassen und in den

Topf mit der Tomatensauce geben. Vorsichtig umrühren, damit die Sauce sich gleichmäßig über die Nudeln verteilt.

Die Spaghetti in vorgewärmten Pastatellern servieren und, falls man möchte, zusätzlich mit gehackter glatter Petersilie bestreuen.

Für 4 Personen.

Spaghetti con asparagi selvatici al sugo bianco –
Spaghetti mit wildem Spargel in weißer Sauce

Ein Glas guter trockener Weißwein ist der ideale Begleiter zu dieser schlichtesten aller Saucen.

4 Schuss Olivenöl extra vergine
20 Stangen Wildspargel, in kurze Stücke gebrochen (siehe Seite 97)
1 mittelgroße Zwiebel, fein gehackt
1 Handvoll frische glatte Petersilie, grob gehackt
Feines Meersalz
400 g Spaghetti

Das Öl in einem tiefen Topf erhitzen, und wenn es heiß ist, Spargelstücke, Zwiebel, Petersilie und 1 oder 2 Prisen Salz dazugeben und bei mittelstarker Hitze etwa 10 Minuten sautieren – aber nicht bräunen lassen.

Während die Saucenzutaten garen, in einem zweiten Topf Salzwasser zum Sieden bringen und die Pasta gemäß Packungsanweisung – in der Regel 8–10 Minuten lang – kochen.

Sobald Sauce und Pasta fertig sind, beide Töpfe vom Herd nehmen, die Spaghetti abgießen, abtropfen lassen und in den Saucentopf kippen. Vorsichtig umrühren, bis jeder Pastafaden mit Sauce überzogen ist, und in vorgewärmten tiefen Tellern servieren.

Für 4 Personen.

April

Der erste Frühlingsbote

Der Frühling ist da. Man spürt ihn in jedem dünnen Lächeln der Morgensonne, in der unerwarteten Wärme der Abendbrise, dem sternenklaren Nachthimmel. Apfelblütenweiß schwebt er in der Luft, errötet mit alpenveilchenpinkem Lächeln auf dem Waldboden, sprießt in Form zartgrüner Schalottenschösslinge aus der dunkelbraunen Erde.

Und auf dem Esstisch kündigt er sich in Pyramiden kleiner grüner dicker Bohnen an, jener Hülsenfrucht, die die Italiener traditionell als erste offizielle Botin der *primavera*, des Frühlings, betrachten. Nicht weil sie zu diesem Zeitpunkt die einzig erhältliche Bohnensorte wäre – die platten grünen *coralli*, die man samt Schote verzehrt, gibt es auch schon, ebenso wie die dünnen, langen *fagiolini*. Doch die dicken Bohnen mit ihren üppigen gekurvten Häuten und dem lebhaft grünen Fruchtfleisch verkünden vielleicht auf die extravaganteste Weise, dass der trübe Winter vorbei ist und der strahlende Frühling begonnen hat.

Meine Nachbarin Maria hockt schon den ganzen Tag auf der Steinmauer unter ihrem Nussbaum. Es ist das erste Mal dieses Jahr, dass ich sie dort sehe; den Rücken der Frühlingssonne zugewandt, befreit sie die Bohnen aus ihrer Hülle. Sie reißt eine Schote entzwei, drückt die vier oder fünf Bohnen aus dem pelzigen Innern und wirft, ehe sie sich der nächsten Schote zuwendet, die leere Hülse fort.

Der Schotenhaufen ist riesig – ich schätze ihn auf 10 Kilo und mehr. Doch die Bohnenausbeute jeder Hülse ist winzig, weniger als die Hälfte ihres Gewichts. So sehnsüchtig sie erwartet wurden, verköpern die Bohnen gleichzeitig die unsanfte Mahnung, dass mit dem Frühling auch die mühselige Feldarbeit zurückgekehrt ist.

Zur Zubereitung der Bohnen lädt Maria mich in ihre Küche ein. Der Raum ist eine perfekte Mischung aus Alt und Neu, Tradition und Moderne, eine Küche für Menschen, die gerne kochen und essen und täglich die Integrität der Nahrung feiern, die sie mit eigener Hände Arbeit erzeugen.

Es handelt sich um einen L-förmigen Raum, bei dem ein Schenkel des L dem Kochen und Arbeiten gewidmet ist – cremeweiße Schränke und ein Edelstahlherd: praktisch, schön, modern und frei von jener bäuerlichen Nostalgie, zu der Leute in ländlichen Gegenden zuweilen neigen. Doch inmitten dieser Oase modernen Komforts finden sich Elemente aus der Vergangenheit, die auch in der heutigen Küche noch ihren Platz verdient haben – ein offener Kamin, in dem Fleisch gegrillt wird, und ein *forno a legna*, in dem Maria das Brot backt – und zwar aus dem Weizen, den ihr Mann Michele selbst anbaut.

In einer Ecke steht eine Sitzgruppe, die sich um einen Fernseher gruppiert, und der zweite Schenkel des L wird von einem riesigen Refektoriumstisch eingenommen, auf dem eine Wachstuchdecke mit Zitronenmuster liegt – die praktische, leicht abwaschbare Decke, die man hier in jedem Haus findet. Jeden Sonntag versammeln sich dreizehn Mitglieder von Marias Großfamilie zum Mittagessen um diesen Tisch, und fast jeden Bissen und Schluck, den sie zu sich nehmen – Fleisch, Gemüse, Obst, Wein, Oliven, Brot – wird von Maria und Michele auf dem eigenen *terreno* produziert.

Heute Abend gibt es bei Maria und Michele *fave in umido* – in Zwiebeln und Tomaten gegarte dicke Bohnen. In früheren Zeiten, als Geld knapp, die Familien noch größer und Fleisch ein seltener Luxus waren, gehörte *fave in umido* zu den vielen Bohnengerichten, die man als *secondo* servierte. Denn – genau wie auch *coralli in umido* oder *fagiolini* – waren sie zwar reich an Eiweiß und Kohlehydraten, gleichzeitig jedoch fettarm, nahrhaft und sättigend und damit die ideale Mahlzeit, wenn man nach einem Morgen auf dem Feld nach Hause kam.

Heute kocht Maria noch immer dicke Bohnen *in umido*, doch wie die meisten serviert sie sie als *contorno*.

Nachdem Maria den ganzen langen Morgen unter den Ästen ihres Nussbaums Bohnen enthülst hat, nimmt die Zubereitung des Gerichts lediglich Minuten in Anspruch – ein Schuss Olivenöl in einen tiefen Topf, die gehackte Zwiebel ein, zwei Minuten darin angeschwitzt, dann noch der Bleichsellerie. Dann hinein mit den Bohnen, der halben Flasche selbstgemachter Tomatensauce und dem Wasser. Deckel drauf, und nach 30 Minuten bei mittlerer Hitze sind die Bohnen weich, bilden kleine Päckchen erdiger Süße, die fast aus ihren faltigen Häuten platzen. Die kleinen jüngeren Bohnen könnten in den Häuten gegart werden, erklärt mir Maria, doch die Häute der größeren, älteren Bohnen schmeckten mitunter bitter und müssten vor dem Kochen entfernt werden.

Heute aber schälen wir sogar die jüngsten, winzigsten Bohnen, um jenes Gericht zuzubereiten, mit dem traditionell die ersten dicken Bohnen des Jahres gefeiert werden: *insalata de fave e pecorino* – Dicke-Bohnen-Salat mit Pecorino. Dieses Gericht gilt als Synonym für den Frühling in Rom und im gesamten Latium. Um diese Jahreszeit findet man es praktisch auf jeder Speisekarte und häufig wird es als Antipasto zu einem Aperitif aus perlendem Prosecco gereicht. Oft muss man die Bohnen auch bei Tisch aus ihren Häuten befreien, doch Maria erledigt dies lieber selbst für ihre Gäste. Sie häuft einen kleinen Hügel dicke Bohnen auf einen Teller, verteilt dünne Scheibchen reifen Pecorino (harten Schafskäse) ringsherum, beträufelt die Bohnen mit gutem Olivenöl und bestreut sie mit gemahlenem *peperoncino*. Letztere Zutat ist in der Region zwar nicht typisch für dicke Bohnen, aber *peperoncino* ist ein allgegenwärtiges Gewürz Campodimeles, und Maria bestreut – überzeugt, dass die zerdrückte rote Chilischote so gesund wie köstlich ist – jedes Essen damit.

Diese Geschmackskombination – die süße Modrigkeit der Bohnen verbunden mit salzigem Käse, fruchtigem Öl und feurigem Chili – ist komplex und explosiv. Noch eine Scheibe von Marias Brot mit dem rauchigen Beigeschmack ihres Holzofens – und das Ganze geht auch als Hauptmahlzeit durch. Ein Glas von Micheles selbstgekeltertem Rotwein dazu, und dieser schlichte Salat wird zum Fest-essen. Abgesehen vom Käse stammt alles auf dem Teller aus eigener Produktion. Und was kauft Maria dann eigentlich noch ein? »*Sale*«, meint sie. »*E zucchero. Pesce*« – Fisch. Sie zuckt die Achseln. Das wär's mehr oder weniger. Und wenn sie diese Dinge zu Hause her-stellen könnte – das ist jedenfalls mein Eindruck –, dann würde sie auch das noch tun.

Als ich am nächsten Tag meinen morgendlichen Espresso mit auf die Veranda nehme, um die über den Berg herabflutende Sonnenwärme zu genießen, entdecke ich Maria erneut unter ihrem Nussbaum, be-schäftigt mit etwas, das mir nach einem weiteren Bohnenhaufen aus-sieht. Und am nächsten und übernächsten Tag ist es das Gleiche. »*In campagna, c'è sempre da fare!*«, erzählt sie mir. Auf dem Land gibt's immer was zu tun. Und das sei erst der Anfang, fügt sie hinzu, im Sommer höre es gar nicht mehr auf; da werde ich sie wohl noch oft da draußen entdecken. Und ich begreife, dass Campodimele nicht nur aus dicken Bohnen besteht, die das Ende des Winters verkünden; sondern dass die hier unter ihrem Nussbaum sitzende Maria eben-falls eine Art Frühlingssymbol ist.

Fave in umido – Geschmorte dicke Bohnen

1 kg junge dicke Bohnen, in den Schoten
1 kräftiger Schuss Olivenöl extra vergine
1 mittelgroße Zwiebel, gehackt
1 Stange Bleichsellerie, zerdrückt
500 ml selbsteingekochte Tomatensauce (siehe Seite 280)
Feines Meersalz

Zunächst die dicken Bohnen enthülsen und, falls sie schon etwas größer sind, aus den bitteren Häuten drücken.

In einem tiefen Topf das Öl erhitzen und Zwiebel und Selleriestange einige Minuten darin sautieren, bis die Zwiebel glasig, aber nicht gebräunt ist.

Die enthülsten Bohnen dazugeben und gründlich umrühren, ehe man die Tomatensauce und ein kleines Glas kaltes Wasser hinzufügt.

Behutsam zum Kochen bringen, Deckel auflegen und die Bohnen in etwa 30–40 Minuten vorsichtig weich köcheln.

Etwa 10 Minuten vor Ende der Garzeit mit Salz abschmecken.

Wenn man *fave in umido* außerhalb der Saison zubereiten will, zunächst 300 g getrocknete Bohnen über Nacht in kaltem Wasser einweichen, gründlich abspülen und etwa 45 Minuten bis 1 Stunde behutsam köcheln, bis die Bohnen zwar schon etwas weich geworden sind, aber trotzdem noch Biss haben. Dann in den Topf mit der angeschwitzten Zwiebel geben, zusammen mit den anderen Zutaten etwa 30 Minuten köcheln und erst ganz am Ende das Salz hinzufügen.

Für 4 Personen.

Coralli in umido – Geschmorte Helda-Bohnen

Coralli ist ein Dialektausdruck, den sowohl die Campomelani als auch die Obst- und Gemüseverkäufer Fondis und der umliegenden Kleinstädte zur Bezeichnung flacher, grüner, fadenfreier Helda-Bohnen verwenden.

500 g Coralli-Bohnen
1 kräftiger Schuss Olivenöl extra vergine
1 mittelgroße Zwiebel, gehackt
1 Zehe frischer Knoblauch, in dünne Scheiben geschnitten
500 ml selbsteingekochte Tomatensauce (siehe Seite 280)
Feines Meersalz

Die Bohnen putzen und längs halbieren.

In einem tiefen Topf das Olivenöl erhitzen und die Zwiebel einige Minuten lang darin anschwitzen, bis sie glasig, aber nicht gebräunt ist.

Den Knoblauch hinzufügen und 1 Minute mitgaren.

Die Bohnen hinzufügen, umrühren, dann die Tomatensauce, ein Glas kaltes Wasser und 1 kräftige Prise Salz hinzufügen. Zum Kochen bringen, Deckel auflegen und die Bohnen in etwa 30 Minuten weich köcheln.

Eventuell mit 2 oder 3 kräftigen Prisen Salz abschmecken.

Für 4–6 Personen als Beilage.

Fagiolini con pomodoro, cipolla e prezzemolo –
Grüne Bohnen mit Tomaten, Zwiebel und Petersilie

1 kg grüne Bohnen
1 kräftiger Schuss Olivenöl extra vergine
1 mittelgroße Zwiebel, fein gehackt
1 kräftige Handvoll frische glatte Petersilie, fein gehackt
Feines Meersalz
500 ml selbsteingekochte Tomatensauce (siehe Seite 280)
oder 6 frische reife Eiertomaten, enthäutet, Samen entfernt und grob gehackt

Spitzen und Stielansätze kappen und die Bohnen in einem großen Topf in sprudelndem Salzwasser etwa 20 Minuten lang kochen oder – falls man sie bissfest bevorzugt – auch kürzer.

Während die Bohnen garen, in einem tiefen Topf das Öl erhitzen und die Zwiebel darin langsam glasig schwitzen.

Die Petersilie hinzufügen, etwa 30 Sekunden weiterbraten, dann die Tomatensauce sowie Salz nach Geschmack dazugeben und die Sauce zum Köcheln bringen.

Sobald die Bohnen gar sind, abgießen, in den Topf mit der Sauce geben, gründlich vermischen und warm oder kalt servieren.

Für 4–6 Personen.

Carciofini für die Cantina

Kann ein anderer Ort ein solches Gefühl von Frieden und Fülle vermitteln, wie es eine ländliche *cantina* Italiens, ein italienischer Keller, tut? Ich kann es mir kaum vorstellen.

In diesen kühlen, düsteren Speisekammern flüstert es von klug ersonnenen und realisierten Plänen. Regale und Borde dokumentieren den Reichtum der jüngst eingebrachten Ernte, prophezeien die Tafelfreuden des kommenden Jahres.

Noch immer erinnere ich mich daran, wie ich das erste Mal in Leanas campomelanische *cantina* hinunterstieg und auch niemals nur erahnt hätte, welchen Überfluss ich hinter der schlichten Holztür vorfinden sollte, die den Keller von der kopfsteingepflasterten Gasse abschirmt. Der hinter mir ins Innere gleitende Sonnenstrahl glänzte auf zwölf Monaten haltbar gemachter Natur: den Schweinswürsten, die Leana jeden Januar lufttrocknet und in Gläsern mit Olivenöl aufbewahrt; den Flaschen voller Tomatensauce, die sie im Sommer einkocht; Herbstfrüchten, die sie in zuckrige Marmelade verwandelt hatte; grünen Wintergemüsen, in Essig und Öl konserviert. Ich roch den Duft der Zwiebeln, die in Girlanden zum Trocknen aufgehängt waren, überflog die schemenhaften Ballonflaschen, gefüllt mit selbstgekeltertem Rotwein und Olivenöl.

Wann beginnt man damit, diese überdimensionierte Vorratskammer zu füllen, wollte ich fragen. Zu welcher Jahreszeit fängt man damit an?

Kaum hatte ich es gedacht, lag die Antwort schon auf der Hand:

Man beginnt sofort, auf der Stelle. Denn die Früchte des *orto* einzuwecken, ist hier ein unendlicher Kreislauf.

Und nun, da der Winter vorbei ist, wird das Einmach- und Konservierungsprogramm um mehrere Gänge heraufgeschaltet. Eine der ersten Ernten, die man einlegt, sind die *carciofini*, die jungen Artischocken. Und daher sitze ich mit 'Pina und Unmengen von *carciofini* in der Küche. Sie sind wunderbar – kleine plastische Kugeln aus überlappenden Blättern, deren mattgrünes Laubwerk violette Einsprengsel zeigt und die einem, während man sich in ihre goldenen Herzen vorarbeitet, die Hände dunkel verfärben.

Die Färbekraft der Artischocken war ein Grund dafür, dass ich mich lange weigerte, sie zuzubereiten. Und die bloße Erwähnung dieser Aristokratin der Distelfamilie reicht, um meine Fingerspitzen kribbeln zu lassen bei der Erinnerung an die stachligen Blätter, die das essbare Herz in sich bergen.

Caterina de' Medici, heißt es, soll eine Schwäche für Artischocken gehabt und sie im 16. Jahrhundert in ihrer neuen Heimat Frankreich eingeführt haben – doch ich bezweifle, dass die Frau, die Gemahlin Heinrichs II. von Frankreich wurde, sie jemals eigenhändig zubereiten musste.

Allerdings sind die Artischocken hier auch anders. *Carciofi*, die ausgewachsenen Artischocken, die es ab November gibt und die man bis jetzt, also April, bekommen kann, besitzen keine Stacheln, ja kaum ein flaumiges Krönchen über dem Artischockenherz. Und *carciofini* sind zu jung, um bereits einen Boden ausgebildet zu haben – sie sind durch und durch zart und weichherzig, in seidige Blätter gehüllt und ideal, um in Öl eingelegt und bis zum Verzehr in dunklen *cantine* gelagert zu werden.

'Pinas Küche ist fast tausend Jahre alt und befindet sich in einem Steinhaus, das man über eine steinerne Treppe im *centro storico* erreicht. Heute steht in der Küche all das bereit, was ich schon bald als die vertrauten Hilfsmittel von *la conservazione* in Campodimele wiedererkennen werde: Flaschen voller Weißweinessig, Olivenöl extra vergine sowie ein Gefäß mit Salz, das man sowohl wegen seiner geschmacksgebenden als auch konservierenden Eigenschaften verwendet. Dann sind da die Gewürze: *peperoncino*; die gleichermaßen allgegenwärtige frische glatte Petersilie; Knoblauch, der momentan frisch von den Feldern kommt und dann für das ganze Jahr in Zöpfe geflochten und getrocknet wird.

Auf dem Resopaltisch steht ein komplettes Sortiment sterilisierter Gläser mit Schraubverschlüssen. Die Gläser waren offensichtlich schon mehrfach im Gebrauch und tragen noch immer ihre alten Etiketten: *melanzane arrostite* steht auf einem – geröstete Auberginen; ein anderes preist *piselli*, Gartenerbsen von Valfrutta an, einer Konservenmarke, die man überall in Italien auf jedem Ladenregal findet.

Angesichts der recycelten Gläser muss ich an die wiederverwendeten, mit getrockneten Hülsenfrüchten gefüllten Mineralwasserflaschen aus Plastik denken, die ich in manchen *cantine* gesehen habe, ebenso wie an die Coca-Cola-Flaschen, in die man – so meine Beobachtung – aus Edelstahlfässern Olivenöl abfüllte, um es darin in die Küche zu transportieren.

Was die Lagerung von Lebensmitteln angeht, zählen hier allein praktische Gesichtspunkte, Effizienz, und natürlich die Qualität des Inhalts, die investierte Erfahrung. Ästhetik aber zählt hier nicht – das einzig Wichtige ist, dass man die Gläser richtig sterilisiert hat und dass sie den beabsichtigten Zweck erfüllen. Ich könnte erröten, wenn ich daran denke, wie viel Zeit ich zu Hause in England damit zubrachte, im Laden Schraubgläser zum Aufbewahren meiner selbstproduzierten Marmeladen auszuwählen, damit sie auf meinen Küchenregalen nur ja hübsch aussahen. »Wir konservieren alles!«, meint 'Pina, deutet auf ihre Gläser und bringt mit ihrem Satz die örtliche Philosophie des *non buttiamo via niente* (Bei uns wird nichts weggeschmissen) auf den Punkt.

Noch nie haben Artischocken so verlockend gewirkt, denke ich mir, als ich sehe, wie sie sich Gummihandschuhe überstreift, um sich vor der Farbe zu schützen, und sich mit einem scharfen Messer an die Arbeit macht. Ein rascher waagrechter Schnitt, um den Stiel und den Stielansatz zu entfernen, ein zweiter, um die Blätterspitzen zu kappen. Von diesen Einschnitten gelockert, lösen sich die zäheren äußeren Blätter und fallen herab wie Konfetti, so dass nur die zarteren essbaren inneren Blätter bleiben, die den Boden umschließen. Und gleich gibt sie sie in eine Schüssel mit Wasser, versetzt mit Zitronensaft, *acqua acidulata*, das die Verfärbung der Böden verhindern soll, und beginnt das Ganze von vorn.

Während 'Pina arbeitet, sprudelt in einem Topf auf dem Herd mit Wasser verdünnter Weißweinessig, und sobald sie einige Dutzend Artischocken vorbereitet hat, wirft sie sie hinein, um sie einige Minuten lang köcheln zu lassen – gerade lange genug, damit sie ein wenig weich werden und den Geschmack des Essigs annehmen. Sie schüttet die *carciofini* in ein Abtropfsieb, und der Weißweinessig quillt aus den Blättern, so dass sie wirken wie vom Tau benetzte gelbe Rosenknospen.

Das Trocknen der *carciofini* – vor dem Einlegen *sott'olio* –, meint 'Pina in ihrem italienisch gefärbten Englisch, sei von höchster Bedeutung. Während der mageren Jahre nach dem Zweiten Weltkrieg zogen 'Pinas Eltern nach England, sie selbst wurde in Oxfordshire geboren und kehrte erst im Alter von vierzehn Jahren mit ihnen in ihr Heimatdorf zurück. Als sie mich in ihrer Bar an der Piazza mit den Worten »*We are all looking forward to helping you*« – »Wir freuen uns schon alle darauf, Ihnen zu helfen« – empfing, wurde sie zu meiner ersten Freundin in Campodimele. Und tatsächlich hat sie mir seither unendlich geholfen. »Eingemachte Lebensmittel sind, wie mein Vater immer sagt, wie ein Haus«, meint 'Pina jetzt. »Wenn Wasser ins Fundament gerät, stürzt es ein.«

Um gründlich zu trocknen, müssen die *carciofini* mit den Blattspitzen nach unten auf ein sauberes Geschirrtuch gesetzt werden, wo man sie mindestens zwölf Stunden oder auch länger belässt, falls sie sich bis zu einem Jahr halten sollen. Doch da wir diese Artischocken sowieso im Laufe der nächsten paar Tage verzehren werden, ist das Trocknen nicht so wichtig. 'Pina trocknet etwa ein Dutzend davon mit einem Geschirrtuch ab, halbiert sie und und vermischt sie in einer Schüssel mit Olivenöl und *condimenti*: ein wenig Chili, ein paar Petersilienzweige, eine frische Knoblauchzehe, in Scheiben geschnitten, und etwas fein gemahlenes Meersalz. Auch frischen Oregano und getrocknete Minze fügt sie hinzu.

Dann schichtet sie die *carciofini* in ein Glas und füllt es mit Olivenöl – wobei sie das Glas leicht nach beiden Seiten kippt, um sicherzustellen, dass auch alle Artischocken bedeckt sind und keine Luftblasen bleiben. Sie versiegelt das Glas mit einem Schraubverschluss und reicht es mir. Diese Artischocken sind im Kühlschrank mehrere Tage lang haltbar, in denen die Aromen Gelegenheit haben, sich miteinander zu verbinden und zu reifen.

Aber so lange halten sie dann gar nicht vor. Schon am nächsten Tag öffne ich das Glas, um ein paar der *carciofini* als Antipasti vor dem Mittagessen zu naschen, und kann nicht mehr aufhören – die cremige Glätte der Herzen, kontrastiert von der Schärfe des Essigs, das heiße Feuer des Chilis im Widerstreit mit den kühlen Tönen der Minze. Mit Brotstücken wische ich das gewürzte Öl aus dem Glas. Ich will mehr von diesen Artischocken. Ich will sie das ganze Jahr über essen. Ich will eine ganze *cantina* voll davon.

Ich habe noch keinen *orto*, weil ich keinen Garten habe, und ich habe auch keine *cantina*, die ich mein Eigen nennen dürfte. Doch das spielt keine Rolle, weil eine *cantina* nicht nur ein Ort ist – es ist eine Mentalität, ein Ernährungssystem, ein Lebensstil. Ich begreife, dass man sich überall eine *cantina* schaffen kann, wenn man es nur will, und nicht nur mit selbstgezogenem Obst und Gemüse, sondern auch mit gekaufter Ware.

Und so besteht der Anfang meiner campomelanischen *cantina* in Tragetüten voller *carciofini*, die ich bei der *frutta verdura*, dem riesigen Obst-und-Gemüse-Wagen, erstehe, den Anna und Franco zweimal die Wochen von Fondi aus die gewundene Bergstraße heraufsteuern, um jenen, die kein eigenes *terreno* bestellen, frische Produkte zu verkaufen. Ich erledige das binnen einer Woche, denn würde ich länger warten, wäre die *Carciofini*-Saison vorbei. Ich räume einen Küchenschrank aus, wische die Regale ab und stelle meine *Carciofini*-Gläser in ordentlichen Reihen hinein.

Sicher ist es nicht die *cantina* meiner Träume. Kein Raum mit steinernen Mauern hinter einer wackligen Holztür, in die ich eintreten kann, um meine selbstgezogenen und selbsteingemachten Erzeugnisse eines ganzen Jahres zu betrachten, zu beschnuppern und zu betasten. Doch es ist ein Anfang. Diese sechzehn *Carciofini*-Glä-ser sagen wenigstens zu einem Teil voraus, was ich im kommenden Jahr essen werde. Vier Gläser will ich Freundinnen schenken, wenn ich dort zum Abendessen eingeladen bin oder sie mich besuchen, denn der Austausch von selbst Eingekochtem gehört zu den schö-nen Dingen des hiesigen Alltags. Ein Dutzend behalte ich für mich, um einmal im Monat in meine *cantina* hinaufzulangen, ein Glas her-auszuholen und als Antipasto zu servieren, als *contorno* oder, wenn ich bei der Ankunft unerwarteter Gäste rasch etwas improvisieren muss: Fastfood im Slowfood-Stil, das ich für mich selbst gern als *cucina can-tina* bezeichne. Im Sommer werde ich es mit den Auberginen ebenso machen und im September sowohl scharfe Chili- als auch milde Pa-prikaschoten einlegen. Im Herbst koche ich dann aus Aprikosen ge-nug Marmelade, dass es für den ganzen Winter reicht. Und so finde ich hier in meinem resopalbeschichteten Wandschrank, gleich neben dem Küchenfenster, Frieden und Fülle; die Zufriedenheit darüber, dass ich den Augenblick genutzt und für das kommende Jahr vorge-sorgt habe.

Insalata di carciofini – Salat aus jungen Artischocken

Die meisten Artischocken, die man außerhalb Italiens kaufen kann, bestehen nicht nur aus zarten Herzen, sondern auch aus fasrigem Heu und stachligen Blättern, die vor dem Garen entfernt werden müssen. Junge Artischocken werden gepflückt, noch ehe sich diese Teile entwickeln können, so dass sie – egal ob roh oder gekocht – nach dem Entfernen des Stiels verzehrbereit sind.

Bei violetten Artischockenblättern sollte man zum Schutz der Finger Handschuhe tragen.

Dieser kleine Salat klingt vielleicht nach viel Arbeit – doch das Ergebnis lohnt den zusätzlichen Aufwand.

12 junge Artischocken oder 9 große Artischocken
1 Zitrone
Feines Meersalz
Olivenöl extra vergine
1 Handvoll frische glatte Petersilie, gehackt (falls gewünscht)
Zerdrückte getrocknete rote Chilischote (falls gewünscht)

Die Artischocken vorbereiten, indem man die Stiele an der Unterseite der Knolle abschneidet und die locker sitzenden, zähen und nicht essbaren äußeren Blätter entfernt.

Falls man große Artischocken verwendet, mithilfe eines kleinen Löffels das fasrig stachlige Heu über dem Boden wegkratzen.

Die geputzten Artischocken sofort in eine Schüssel mit Wasser geben, das man – um Verfärbungen zu verhindern – mit dem Saft einer halben Zitrone versetzt hat.

Nun die Artischockenherzen von oben nach unten in dünne Scheiben schneiden und in eine flache Servierschale legen.

Mit etwas Salz bestreuen, mit Olivenöl beträufeln, den Saft der restlichen Zitronenhälfte über die rohen Artischocken träufeln und behutsam umrühren, so dass jede Scheibe mit Dressing überzogen ist – dies ist wichtig, um Verfärbungen zu vermeiden.

Die Artischocken mit gehackter Petersilie und auch einigen Prisen Chili (falls verwendet) vermischen und mindestens 15 Minuten stehen lassen, ehe man sie bei Raumtemperatur serviert.

Für 2–4 Personen als Beilage.

Carciofini sott'olio – Junge Artischocken in Öl

Junge Artischocken sind abseits des Mittelmeers mitunter nur schwer erhältlich, doch auch ältere Exemplare lassen sich ohne weiteres in Öl einlegen – Sie sollten sich lediglich vergewissern, dass Sie auch jedes zähe Hüllblatt, den harten Stiel an der Unterseite, alle stachligen inneren Blütenblätter sowie alles Heu sorgfältig entfernt haben. Die benötigten Mengen an Artischocken und Öl hängen von der Größe der Artischocken wie natürlich auch von der Größe der verwendeten Gläser ab. Fünfzehn junge Artischocken für ein 500-g-Glas gelten als Faustregel. Die unten genannte Menge reicht für zwei solcher Gläser. Wann immer man Lebensmittel in Öl einlegt, hat Hygiene absolute Priorität, so dass man darauf achten sollte, die Gläser wirklich gründlich zu sterilisieren (siehe Seite 203).

30 junge oder 20 ausgewachsene Artischocken
1 l Weißweinessig
Etwa 500 ml Olivenöl extra vergine, eventuell mehr
Zerdrückte getrocknete rote Chilischote
2 frische Knoblauchzehen, in feine Scheiben geschnitten
Einige Prisen getrocknete Minze
Einige Prisen getrockneter Oregano
Feines Meersalz
Einige frische glatte Petersilienzweige
2 Gläser mit Schraubverschluss à 500 g, sterilisiert

Die Artischocken gemäß den Anweisungen auf Seite 118 vorbereiten.

In einem großen Topf den Weißweinessig mit 1 l Wasser aufkochen.

Die Artischockenherzen hinzufügen, Topfinhalt erneut zum Sieden bringen und etwa 3–4 Minuten, aber nicht länger, köcheln lassen.

Artischockenherzen in ein Sieb gießen und gründlich schütteln.

Sobald die Artischocken ausreichend auskühlen konnten, vorsichtig mit einem sauberen Geschirrtuch oder Küchenpapier trocknen. In kühler Umgebung ein sauberes Geschirrtuch auf eine glatte Oberfläche legen und die Herzen darauf verteilen, so dass alles überschüssige Wasser abtropfen kann. Dann mindestens 12 Stunden oder z. B. über Nacht so liegen lassen – und das Tuch, falls es zu feucht werden sollte, wechseln – damit die Artischocken gründlich trocknen.

Sobald sie trocken genug zum Einlegen sind, die Gläser sterilisieren (siehe Seite 203).

Die trockenen Artischocken in eine große Schüssel geben, 1 oder 2 Spritzer Olivenöl hinzufügen, dann den getrockneten Chili, Knoblauchscheiben, getrocknete Minze und Oregano sowie ein wenig feines Meersalz dazugeben – jeweils 2 kräftige Prisen der Kräuter und der Gewürze sollte den meisten schmecken, man kann aber auch weniger verwenden. Die Petersilienzweige hinzufügen. Gründlich vermischen, um sicherzustellen, dass jede Artischocke mit allen Gewürzen in Berührung kommt.

Auf den Boden jedes der sterilisierten Gläser ein wenig Olivenöl geben, dann die Artischocken hineinschöpfen, wobei man oben etwa 2 cm Spielraum lassen sollte. Das Olivenöl in die Gläser gießen, sie ein wenig nach allen Seiten kippen, um sicherzustellen, dass alle Artischocken davon überzogen sind und Luftblasen nach oben steigen können. Sich vergewissern, dass die Artischocken ganz mit Öl bedeckt sind, dann die exakt schließenden Deckel aufschrauben.

Die Artischocken sind sofort verzehrbereit, schmecken allerdings besser, wenn sich die Aromen über einige Wochen hinweg miteinander verbinden können. An einem kühlen, dunklen Ort aufbewahren. Nach dem Öffnen in den Kühlschrank stellen und im Laufe von 1–2 Tagen verbrauchen.

Ergibt 2 Gläser à 500 g.

Carciofi in umido con aglio, prezzemolo, peperoncino e scarola –
Geschmorte Artischocken mit Knoblauch,
Petersilie, Chili und Scarola

Scarola oder Frisee ist eine krause Lattichart mit gezackten Blättern, die man roh als Salat verzehren kann, in Campodimele jedoch meist mit etwas Salz und Olivenöl gegart oder in *minestre*, dicken Gemüsesuppen, gekocht wird und im Winter ebenso wie im Sommer einen köstlichen ersten Gang abgibt. Gegarter *scarola* schmeckt absolut wunderbar zu Artischocken, das Gericht funktioniert aber auch ohne ihn.

Saft von ½ Zitrone
12 große Artischocken
Einige Spritzer Olivenöl extra vergine
2 Knoblauchzehen, fein gehackt
1 Handvoll frische glatte Petersilie, fein gehackt
1 großzügige Prise zerdrückte getrocknete rote Chilischote
Feines Meersalz
½ Scarola- oder Friseesalat, in Blätter zerteilt und gewaschen

Kaltes Wasser in eine Schüssel geben und mit Zitronensaft säuern, um ein Verfärben der Artischocken zu verhindern.

Artischocken gemäß den Anweisungen auf Seite 118 vorbereiten und bis zur Weiterverwendung in gesäuertes Wasser legen.

In einer kleinen Schüssel Olivenöl mit gehackter Petersilie, zerdrückter Chilischote und 1 oder 2 Prisen Salz vermischen.

Die Artischocken nacheinander aus dem gesäuerten Wasser nehmen, auf einem sauberen Geschirrtuch trocknen lassen, dann etwas Olivenölmischung über jede Frucht schöpfen, so dass reichlich Öl den Boden erreicht und zwischen die Blätterschichten rinnt.

Etwas Olivenöl auf dem Boden eines großen, flachen Topfs verteilen und die Artischocken mit der Oberseite nach unten hineinsetzen. Ein Glas kaltes Wasser dazugießen.

Die *Scarola*-Blätter auf die umgedrehten Artischocken legen, mit sehr wenig Öl beträufeln, mit etwas Salz bestreuen und einen Deckel auflegen. Vorsichtig erhitzen, bis man hört, wie das Wasser zu köcheln beginnt, dann die Temperatur herunterschalten und das Ganze etwa eine halbe Stunde schmoren, bis die Artischockenherzen weich sind, wenn man mit der Messerspitze hineinsticht. Gelegentlich überprüfen, ob sich noch genügend Wasser im Topf befindet, und, falls es schon weitgehend eingekocht ist, ein wenig nachgießen.

Am besten als warme Beilage servieren.

Für 4–6 Personen.

Carciofi in umido con mentuccia, aglio e prezzemolo –
Geschmorte Artischocken mit Minze, Knoblauch und Petersilie

Saft von ½ Zitrone
12 große Artischocken
Einige Spritzer Olivenöl extra vergine
1 kleine Handvoll frische, gehackte Minzblätter oder
1 kräftige Prise getrocknete Minze
2 Knoblauchzehen, fein gehackt
1 Handvoll frische glatte Petersilie, fein gehackt
Feines Meersalz
½ Scarola- oder Friseesalat, in Blätter zerteilt und gewaschen

Die Artischocken nach dem Rezept auf Seite 122 zubereiten, doch anstelle der getrockneten Chilischote 1 kleine Handvoll gehackte frische Minze ins Olivenöl-Dressing geben.

Für 4–6 Personen.

Frühmorgens am Berg

Das Geklingel der Ziegenglöckchen ist die Musik, zu der Campodimele entschlummert und auch wieder erwacht. Tagsüber vernimmt man hin und wieder einen Ton, wenn der Wind von der Schäfersiedlung Pozzo della Valle ins Dorf heraufbläst. Oder auch ein konzentrierteres Gebimmel, wenn die Ziegenhirten ihre Tiere auf neue Weiden führen. Wenn es dann abends dämmert und der Hintergrundlärm des Tages abflaut, verwandeln sich die Ziegenglocken in ein langsames Abendlied, das mit Einbruch der Nacht verklingt und erst, wenn der Hahn wieder kräht, durch die Lüfte zittert.

So ist es auch heute am Berg, während Adamo seine Ziegen um sich versammelt. Es ist halb sieben, und eben gleitet die Sonne über den Gipfel, um mit dem Nebel zu tanzen – als ob die Melodie der Glöckchen sie herbeigelockt habe. In einem holzumzäunten Gehege jagen – glücklich über den neuen Tag – die Ziegen unter dem Blätterdach der Eichen umher. Mütter erwidern blökend die Schreie ihrer Zicklein, junge Geißböcke verkeilen ihre hornlosen Köpfe in flüchtigen Rangeleien, zottige weiße Hunde mit dummen Gesichtern kläffen und jaulen.

Inmitten dieses stillen Aufruhrs beginnt Adamo mit *la mungitura*, dem zweimal täglich stattfindenden Ritual des Ziegenmelkens. Er geht auf die Tiere zu und packt sie, eins nach dem anderen, bei den Hinterbeinen, platziert einen Metalleimer unter dem Euter und hockt sich hin, um ihnen die Milch aus den Zitzen zu pressen.

Das ganze Bild hat etwas Zeitloses: die Berge, seit Jahrtausenden unberührt, die Ziegen, uraltes Symbol der Natur oder des Teufels, je nachdem, welcher Kultur man angehört. Und mit seinem riesigen Schnauzer und den Lederschnüren seiner *cioce*, die im Zickzack über seine Schienbeine verlaufen, könnte auch Adamo einer anderen Epoche entstammen. Bis ich dann sehe, dass dieses Schäferschuhwerk wie so vieles hier eine nahtlose Verbindung von Modernem und Altem darstellt – der Oberschuh aus handverarbeitetem Ziegenleder, die Sohle aus alten Autoreifen, deren Profile für das gebirgige Terrain ideal geeignet sind.

Nachdem Adamo *la mungitura* beendet hat, verschwindet er in seiner Blechhütte und taucht mit winzigen, bis zum Rand gefüllten Espressotässchen auf einem Tablett wieder auf.

»*Cento animali*«, meint er, auf seine Herde deutend. Hundert Ziegen, die man morgens als Erstes und abends als Letztes melken muss, und zwar von Ostern bis Mitte September. Etwa hundert Liter Milch pro Tag bei gutem Wetter, fünfzig, wenn es Herbst wird. Im Sommer schläft Adamo häufig hier oben und vertreibt sich die Zeit, indem er Holzkummets für seine Ziegen schnitzt, an denen er die Messingglöckchen befestigt, deren Geläute den Berg verzaubern. Zweimal täglich karrt er die Milch einige Kilometer bergab auf seinen Hof in Taverna, wo Evelina, seine Frau, sie zu Käse verarbeitet. Und genau da will ich jetzt hin.

»*Adamo ed Evelina!*« Sie lächelt über das Zusammentreffen der beiden Namen. Adam und Eva. Der erste Mann und die erste Frau, die dem Alten Testament zufolge auf Erden wandelten, und mir drängt sich der Gedanke auf, dass Ziegenhirten damals, zur Zeit der Niederschrift der biblischen Geschichte, genauso arbeiteten und ihre Frauen auf dieselbe Weise ihren Käse machten.

Evelinas Küche ist modern, ihre Methode der Käseherstellung aber uralt. An diesem Morgen verarbeitet sie die Milch des vorausgegangenen Abends. Am Abend hat sie sie noch mit *coagulo* versetzt – Lab, das sie aus dem Magen einer ihrer kleinen Ziegen gewonnen hat –, und es hat seine Aufgabe der Milchgerinnung, bei dem sich die Milchfette von der wässrigen Molke absetzen, perfekt erfüllt.

Evelina macht den Käse mithilfe ihrer *mallia* – eines großen Holztabletts, das ein wenig schief auf drei Holzstühlen ruht – sowie *cestini*, zylindrischen Käseformen aus Plastikgeflecht. Sie füllt eine der kleinen Formen mit dem klumpigen Käsebruch, nimmt sie zwischen beide Hände und kippt sie nach den Seiten, so dass die Molke durch das gitterartige Geflecht rinnt. Die milchige Flüssigkeit läuft dann über die *mallia* ab und durch eine offene Tülle an ihrem unteren Ende in einen bereitstehenden Eimer. Je stärker sie den Bruch bewegt, um so mehr Molke schwappt heraus, bis sie schließlich einen festen Klumpen *formaggio* oder Käse hat.

Evelina lädt mich ein, es ihr gleichzutun, und reicht mir einen *cestino* voller Käsebruch: Er ist schneeweiß und dicht und schwerer, als er aussieht, und es macht Spaß, zu spüren, wie unter meinen feuchten Händen allmählich der Käse entsteht.

Nachdem sich auch der letzte Käsebruch in *formaggio* verwandelt hat, wälzt Evelina die Käselaibchen in grobkörnigem Salz und lässt sie zwei Tage lang ruhen, während derer das Salz die Feuchtigkeit aus ihnen herauszieht und sie fest und verzehrbereit macht.

Später wolle sie dann noch Ricotta machen, meint sie und hebt den Eimer, in dem sie die Molke aufgefangen hat. Ricotta bedeutet wortwörtlich übersetzt »wieder gekocht«: Evelina erhitzt die Molke in einem Topf über der offenen Flamme, woraufhin das darin verbliebene Fett gerinnt und an die Oberfläche steigt, so dass man es abschöpfen und in runde, flache Formen streichen kann. Der Ricotta wird frisch mit Brot verzehrt, wobei man ihn mit etwas Olivenöl und scharfem Chili würzen kann. Oder aber man mischt ihn unter die Pasta. Der *formaggio* hingegen, verrät mir Evelina, sei *sott'olio* oder *sotto vuoto* (vakuumverpackt) bis zu drei Jahren haltbar.

Obgleich diese moderne Konservierungsmethode so wenig zu Evelinas jahrhundertealtem Verfahren der Käseherstellung zu passen scheint, überrascht sie mich inzwischen nicht mehr. Ich habe begriffen, dass auch die moderne Technologie bei der Erzeugung des *cibo genuino* ihre Rolle zu spielen hat. Genauso lange nämlich, wie sie die Nahrung nicht durch chemische Konservierungsstoffe oder auf andere Weise verfälscht. Doch während Evelina mir noch erklärt, wie der moderne Fortschritt ihr dabei helfe, ihren Käse auf Jahre hinaus haltbar zu machen, frage ich mich wehmütig, wie lange diese traditionelle Art der Käseherstellung wohl noch überleben wird.

»Es ist ein gutes Leben«, meint Maria Civita, Evelinas Mutter. Sie ist bereits über siebzig, doch häufig kann man sie in Taverna am Straßenrand entdecken, wo sie schweigend die Schafherde der Familie hütet. Sie gehört zu den vielen Schäferinnen und Schäfern, die es hier in der Gegend noch gibt: Manchmal biegt man um eine Kurve und findet sich inmitten eines vierbeinigen Verkehrsstaus wieder. Im Alter von vierzehn Jahren wurde Maria Civita Hirtin und sie liebt es noch immer, im Freien zu arbeiten und nicht auf ein Leben im Haus beschränkt zu sein.

»Ich mag nicht mal langärmlige Jacken tragen, egal, wie das Wetter ist«, erzählte sie mir einmal, während wir ihre grasenden Schafe betrachteten. »Ohne fühl ich mich einfach wohler, freier. Freier da draußen.« Aber es ist ein hartes Leben: bei jedem Wetter im Freien zu arbeiten, von frühmorgens bis spät in die Nacht, gebunden an die Weide, das Melken oder die Arbeit auf dem Hof, während man etwa den Käse macht.

Oben auf seiner Bergspitze, wo er mit der Sonne aufsteht, muss Adamo sich frei fühlen, da nur die Natur ihm Vorgaben macht. Doch solche ländlichen Idyllen erfordern auch Opfer, denke ich, als wir wieder ins Dorf aufbrechen und ihn dort zurücklassen – wo nur der Klang der Ziegenglocken seine Gedanken stören kann.

Der abgelegene Gipfel des heutigen Campodimele wurde im elften
Jahrhundert zum ersten Mal besiedelt.

Maria und ihre Familie ernten die Oliven in ihren eigenen Hainen, mit denen sie ihren Jahresbedarf an Öl decken.

Vierbeinige Transportmittel sind die einzigen, die sich auf dem Terrain von Micheles und Marias Oliventerrassen einsetzen lassen.

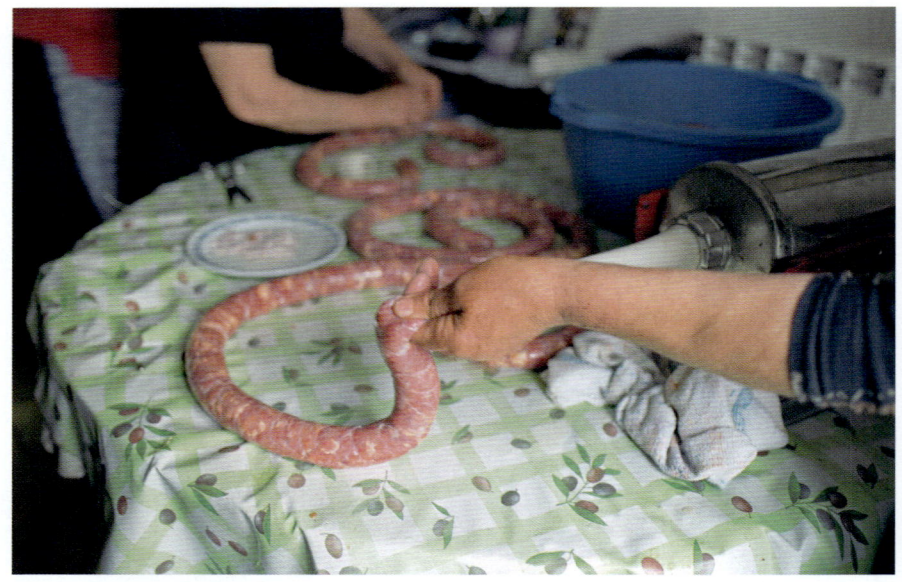

Leana bewahrt die jahrhundertealte Tradition und stellt eigenhändig einen
Vorrat an Schweinswürsten her (siehe Seite 41).

Assunta und Adelia hängen die frischen Würste zum Trocknen in Leanas
Küche auf.

Die gemeine Waldrebe oder wilde *clematis* sammeln die Dorfbewohner, um daraus ihre *Tagne-Frittata* zuzubereiten.

Tagne, die eierlose Frittata, ist ein klassisches Gericht der campomelanischen *cucina povera* (siehe Seite 54).

Natalina rollt selbstgemachte Pasta zu Lasagneblättern aus (siehe Seite 63).

Natalina schichtet Pastablätter, Fleisch-*Ragù* und Mozzarella *fiordilatte* zu ihrer Lasagne auf.

Pronta! Natalina mit ihrer frisch gebackenen Lasagne vor ihrem Haus.

Adalgesia bei der Suche nach Wildspargel im Wald.

Adalgesia bei der Zubereitung der Wildspargel-Frittata in ihrer Küche
(siehe Seite 97).

Wildspargel-Frittata ist ein typisches Frühlingsgericht Campodimeles.

’Pina beim Putzen der *carciofini*, der jungen Artischocken (siehe Seite 118).

Carciofini sott'olio – mit jungen Artischocken in Öl kann man sich einen ganzen Jahresvorrat an Antipasti anlegen. (siehe Seite 120).

Saisonale Ernte-Überschüsse werden konserviert und in der *cantina*, der »italienischen Speisekammer«, gelagert.

Maria Civita hütet ihre Schafe, wie sie es zeit ihres Lebens getan hat.

Mit Hilfe von *cioce* – traditionellen Schäferschuhen aus Stoff und Autoreifen –
bewegt sich Adamo sicher entlang der Berghänge.

Die Milch von Adamos Ziegen wird von seiner Frau Evelina von Hand zu
Käse verarbeitet.

Le galline – die Hühner, die viele der älteren Damen halten, um ihren Eigenbedarf an frischen Bioeiern zu decken.

Plauderpause, nachdem man die Hennen in den Stall gebracht hat. Von links nach rechts: Adelia, Leana, Maria und Irma.

Pasqualina pflückt sich in ihrem *orto* fürs Mittagessen einen frischen Salat.

Mit einem *pinzimonio di scalogni* feiert man die ersten Schalotten auf der Piazza – und Bruno verkostet sie mit Begeisterung.

Ciamotte – wilde Schnecken – zur Feier der *festa* von San Onofrio, einem der Schutzheiligen Campodimeles (siehe Seite 165).

Der mittelalterliche Kern Campodimeles ist eine klassische italienische Dorfidylle – Steinhäuser aus dem elften Jahrhundert und hängende Geranien.

Frittata di ricotta – Ricotta-Frittata

Für dieses Rezept benötigen Sie eine Pfanne von 25 cm Durchmesser mit Antihaftbeschichtung.

10 frische Bioeier
Feines Meersalz
200 g frischer Ziegenricotta
1 kräftiger Schuss Olivenöl extra vergine

Die Eier in eine Schüssel gleiten lassen und mit einer kräftigen Prise Salz ordentlich verschlagen. Den Ricotta löffelweise zu den Eiern geben und nach jeder Zugabe unterrühren.

In einer großen Pfanne das Öl bei mittlerer Temperatur erhitzen und die Ei-Mischung hineingießen. Die Eier noch etwa 1 Minute lang weiter erhitzen, dann mithilfe eines Holzspatels behutsam vom den Rändern zur Mitte ziehen. Die Pfanne leicht kippen, so dass das flüssige Ei von der Mitte zu den Rändern hin läuft und stocken kann.

Den Rand der Frittata anheben, um zu prüfen, ob es an der Unterseite schon etwas gebräunt ist; wenn ja, einen flachen Teller über die Bratpfanne legen und die Pfanne wenden, so dass die Frittata auf dem Teller zu liegen kommt. Pfanne auf den Herd zurückstellen, Frittata mit der ungegarten Seite nach unten in die Pfanne zurückgleiten lassen und weitere 1–2 Minuten braten, bis auch die Unterseite goldbraun geworden ist.

In Quadrate schneiden und heiß oder kalt servieren.

Für 4–6 Personen.

Ricotta con olio e peperoncino –
Ricotta mit Olivenöl und Chili

Eine köstliche Art, Ricotta zu genießen, und ein idealer Imbiss oder auch ein leichtes Mittagessen. Nur wenige Menschen in Campodimele haben schwarzen Pfeffer im Haus, dieses Rezept funktioniert aber auch gut mit diesem, falls man ihn vorzieht.

400 g frischer Ricotta
1 kleine Schale Olivenöl extra vergine
Zerdrückte getrocknete rote Chilischote
Reichlich frisches, knuspriges Brot

Den Ricotta auf eine Servierplatte legen, so dass sich die Gäste Stücke davon abschneiden können. Diese werden dann mit Olivenöl beträufelt, mit zerdrückter Chilischote bestreut und mit gutem knusprigem Brot genossen.

Für 4 Personen.

Spaghetti alla ricotta – Spaghetti mit Ricottasauce

Irritierend köstlich und die Schlichtheit selbst.

400 g Spaghetti
400 g frischer Ricotta
Feines Meersalz
1 kräftiger Schuss Olivenöl extra vergine
Zerdrückte getrocknete rote Chilischote

Salzwasser in einem großen Topf zum Sieden bringen, die Spaghetti hinzufügen und nach Packungsanweisung garen.

Während die Pasta kocht, den Ricotta vorsichtig mit 1 oder 2 Prisen Salz in eine große Schüssel geben und behutsam cremig schlagen.

Sobald die Spaghetti al dente sind, abgießen, zum Ricotta in die Schüssel geben und das Ganze mithilfe zweier Gabeln vermengen, so dass jede Pastaschnur mit Ricotta überzogen ist.

Auf vorgewärmte tiefe Teller verteilen, mit etwas zerdrücktem Chili bestreuen und, falls gewünscht, mit Olivenöl beträufeln. Sofort servieren.

Für 4 Personen.

Mai

Salattage

7000 Kilometer ist Pasqualina gereist, um den Sommer in ihrem heimatlichen Campodimele zu verleben, und kaum angekommen, hat sie auch schon mit dem Anbau von Salatpflanzen begonnen.

Das da ist der *cappuccio*, erzählt sie mir, der mit der runden, breiten Form ähnlich einer Rose, und dort der Romana mit seinen langen, schlanken, geriffelten Blättern. Und da drüben noch eine andere Sorte, die Pasqualina gerade nicht bestimmen kann. »*Insalata* halt«, meint sie. »*Buona* jedenfalls, wie immer er auch heißen mag. Viele Italiener bestellen auch daheim in Toronto einen Garten, genau wie in Campodimele. Aber das Zeug, das wir in Kanada anbauen, schmeckt einfach nicht wie hier.«

Pasqualina und ihr verstorbener Mann Michele gehörten zu den zahlreichen Campomelani, die Italien in den Nachkriegsjahren den Rücken kehrten, um im Ausland ihr Glück zu suchen. Sie ließen sich in Toronto nieder, in dem inzwischen viele Menschen campomelanischer Abstammung ihre Heimat gefunden haben. Nachdem Michele in Rente gegangen war, fanden er und Pasqualina endlich die Zeit, ihre Sommer in Campodimele zu verbringen. Mit seiner reinen Luft, der belebenden Kraft der Sonne, den geruhsamen Rhythmen des Hirtenlebens – und nicht zuletzt seinem unvergesslichen Essen lockt das Dorf seine Kinder in die Heimat zurück.

Pasqualinas *orto* hat etwas von einem verwunschenen Garten. Von der kopfsteingepflasterten Gasse her schlüpft man durch ein schmiedeeisernes Tor, steigt eine Steintreppe hinunter und zieht dann den

Kopf ein, um nicht an den niedrigen Torbogen zu stoßen, der die mit Wein bewachsene Mauer durchbricht. Im Innern findet man ein Beet wild wuchernder Zucchini, Salattomaten, Reihen von Salatköpfen. Man hebt den Blick und hat die Berge vor sich und Hektar um Hektar von golden durchwirktem Himmelblau. Man fühlt sich wie auf dem Dach der Welt, ja wie am einzig möglichen Ort überhaupt. Wie das wohl gewesen sein muss, vor all den Jahrzehnten von hier auszuwandern? Um die halbe Erdkugel zu fliegen, in eine fremde Stadt, und nicht zu wissen, ob man je zurückkehren, die Menschen, die man liebte, je wiedersehen würde.

Zum Glück schaffen es die meisten Emigranten, immer mal wieder zurückzukommen. Auch wenn sie Tausende von Kilometern fort sind, braucht man nur ein, zwei Stunden im Dorf zu verbringen, um zu begreifen, dass sie hier keinesfalls vergessen sind. Man gewinnt den Eindruck, als habe jeder in Campodimele einen Bruder, ein Kind, einen Cousin in Übersee. Alte Frauen erzählen von Besuchen in Toronto und zeigen vor den Niagarafällen aufgenommene Schnappschüsse. Kinder reden aufgeregt von den bevorstehenden Ferien *con i cugini e gli zii*, bei ihren Cousins und Tanten und Onkeln in Amerika oder London. Im Dorfzentrum schildert ein riesiges vielfarbiges Mosaik die Emigrationserfahrung Campodimeles. Einfach gekleidete *contadini* illustrieren das schwere Leben der ersten Nachkriegsjahre, während reich gewandete Gestalten mit Musikinstrumenten in den Händen jenes volle Leben symbolisieren, das einige der Kinder Campodimeles in Übersee fanden.

Daheim in Toronto, erzählt Pasqualina, versuchten viele Campomelani, die *cucina* des zurückgelassenen Dorfes wiederzuerschaffen, und zwar nicht nur bei Tisch, sondern auch in ihren Vorratskammern voller Eingemachtem, in den *orti* hinter ihren Häusern – und wer wollte es ihnen verübeln?

»Die Leute machen frische Eiernudeln, kochen Tomatensauce ein, bewirtschaften einen *orto* – genau wie hier.« Und sie bauen Salat an, der einen wesentlichen Bestandteil jeder italienischen Mahlzeit bildet.

Pasqualina rupft einen Romanakopf aus der Erde, pflückt einige grünlich-orange San-Marzano-Tomaten vom Strauch und nimmt mich mit in die Küche ihres Steinhauses. Der frische und saftige Salat wiegt schwer für seine Größe, die Blattstrünke sind stocksteif, die Blätter knackig frisch. Die nicht ganz ausgereiften Tomaten sind köstlich und explodieren vor Säure. Pasqualina macht den Salat auf die hier übliche Weise an – spritzt Olivenöl, Weißweinessig und feines Meersalz direkt auf die Blätter. Etwas so Schlichtes kann nur dann köstlich schmecken, wenn die Zutaten außergewöhnlich frisch und von erster Güte sind – und nur wenige Meter neben der Küche angebaut und lediglich ein paar Minuten alt, sind sie das auch. Da kann es kaum verwundern, wenn die Campomelani versuchen, diese Tradition auch Tausende von Kilometern fern der Heimat aufrechtzuerhalten. Das heißt, so gut es eben geht.

Pasqualina spült eine Fenchelknolle unter einem Wasserhahn ab, schneidet sie in Scheiben, beträufelt die Scheiben mit Balsamicoessig und kreiert auf diese Weise in derartigem Tempo einen schlichten Salat, wie es nur die aromatischsten frischesten Gemüsesorten erlauben.

»Nur haben wir halt in Toronto nicht diese Sonne«, meint sie in Richtung des grellen Lichts gestikulierend, das durch ihr Küchenfenster von der gepflasterten Piazza hereinflutet. »Luft und Erde sind anders – vielleicht nicht so rein. *Bello il Canadà, sì*, aber das Obst und Gemüse in unseren *orti* dort schmeckt einfach nicht so wie hier.«

Insalata semplice – Einfacher Salat

Dieser schlichte grüne Alltagssalat, den man in Campodimele tag-täglich nach dem *secondo* verzehrt, ist so simpel, dass man ihn kaum als Rezept bezeichnen kann.

1 Romanasalat oder ein anderer grüner Blattsalat
Olivenöl extra vergine
Weißweinessig
Feines Meersalz

Den Salat mindestens 15 Minuten vor dem gewünschten Verzehr zerteilen, waschen und in einer Salatschleuder trocknen; dann in eine große Schüssel geben.

Olivenöl und ein wenig Weißweinessig darüberträufeln und mit etwas Salz bestreuen.

Mit zwei Gabeln oder einem Salatbesteck vermengen, probieren und eventuell abschmecken. Kurz stehen lassen, damit die Aromen ein wenig einwirken können.

Für 4–6 Personen.

Insalata mista al limone –
Gemischter Blattsalat mit Fenchel und Zitronensaft

1 Romanasalat
1 roter Radicchio
1 kleines Bund Rucola
1 Fenchelknolle
Olivenöl extra vergine
Feines Meersalz
Saft von ½ Zitrone

Mindestens 15 Minuten vor dem Servieren den Salat zerteilen, waschen und in einer Salatschleuder trocknen; dann in eine große Schüssel geben.

Die zähen äußeren Blätter des Fenchels entfernen, die Knolle waschen, in feine Scheiben schneiden und zu den Blättern geben.

Den Salat mit dem Olivenöl beträufeln, mit Salz bestreuen und den Saft einer halben Zitrone darübergeben. Probieren und eventuell abschmecken.

Für 4–6 Personen.

Insalata di pomodoro e cipolla – Tomaten-Zwiebel-Salat

1 Handvoll reife, frische Eiertomaten
Einige Frühlingszwiebeln oder junge Zwiebeln
Olivenöl extra vergine
Weißweinessig
Einige Prisen frischer oder getrockneter Oregano
Feines Meersalz

Die Tomaten quer in Scheiben schneiden und in eine Schüssel legen.

Die äußere Haut der Frühlingszwiebeln abziehen und die grünen Enden kappen, dann die Knollen in feine Scheiben – oder junge Zwiebeln in sehr dünne Halbmonde schneiden. Mit den Tomaten vermischen.

Das Ganze mit Olivenöl und Weißweinessig beträufeln und mit frischem Oregano und etwas Salz bestreuen. Bei Verwendung von getrocknetem Oregano sollte der Salat wenigstens eine halbe Stunde vor dem Verzehr zubereitet werden, damit das Öl das getrocknete Kraut durchdringen und erweichen kann.

Für 4–6 Personen.

Insalata di pomodoro, mozzarella e basilico –
Tomaten-Mozzarella-Salat mit Basilikum

Mozzarella di bufala – die kleine weiße Frischkäsekugel aus Büffel-milch – ist eine Tradition der Region Kampanien, die im Süden an Latium grenzt. Aber auch in Itri, Lenola und Fondi, winzigen Städt-chen, die etwa 30 Autominuten vom Dorf entfernt bergab liegen, wird er hergestellt. Verbesserte Verkehrsverbindungen haben dazu beigetragen, Büffelmozzarella in ganz Italien zum Grundnahrungs-mittel zu machen. Dieser Salat schmeckt allerdings auch, wenn man den Käse weglässt.

1 Handvoll reife, frische Eiertomaten
4 Kugeln Mozzarella di bufala
Olivenöl extra vergine
1 Handvoll frische Basilikumblätter
Feines Meersalz
Frisch gemahlener schwarzer Pfeffer (falls gewünscht)

Die Tomaten der Breite nach in Scheiben schneiden, den Mozza-rella ebenfalls, dann abwechselnd eine Tomaten- und eine Mozzarel-lascheibe auf dem Teller anordnen.

Das Ganze mit dem Olivenöl beträufeln und mit zerzupften fri-schen Basilikumblättern bestreuen. Salz und – falls gewünscht – auch schwarzen Pfeffer hinzufügen (wenn auch die meisten Campo-melani nicht im Traum daran dächten!).

Für 4 Personen.

Aus dem Hühnerhaus

»Pipii, pipiii, pipiiiii!«

Schon lange ehe ich Maria sehe, höre ich sie rufen und spüre etwas von der Aufregung, ehe ich sagen kann, woher sie rührt. Es ist kurz nach drei Uhr nachmittags an einem sonnigen Tag, und ich bücke mich, um an einem kirschroten Alpenveilchen zu schnuppern, das jemand vor der Statue des Padre Pio abgestellt hat. In ganz Italien wird der erst kürzlich seliggesprochene Mönch wegen der Stigmata verehrt, die er während seiner Zeit auf Erden erlitten haben soll. Aber die Aussicht, die er von dieser Kreuzung aus über die Weite des Liri-Tals genießt, muss wohl zu den schönsten zählen, deren er sich weltweit erfreuen kann. Und dann beginnt das Gegacker.

Es ist nicht zu überhören, weil es um diese Tageszeit gewöhnlich so still ist. Das Mittagessen ist vorüber, es ist Siestazeit, und die Traktoren und Kettensägen sind verstummt. Die Winterwinde sind des Blasens müde geworden, und in den ausschlagenden Bäumen flüstert kaum eine Brise. An solchen Frühlingsnachmittagen herrscht eine Stille, die das Herz ruhig werden lässt und die Seele besänftigt, so sehr, dass einen hier und jetzt und unter diesem endlosen Himmel tatsächlich das Gefühl beschleicht, man könne ewig leben.

Was das Geschrei nur umso auffälliger macht. Ich folge meinen neugierigen Ohren den Hügel hinauf, bis zur ansteigenden Straße, die die östliche Flanke des Dorfs umarmt, und finde mich neben einer Reihe von Steinhäuschen wieder, die die Straße säumen: *le galline*.

Le galline bedeutet vieles in Campodimele. Wortwörtlich müsste man es wohl als »die Hühner« übersetzen, und in seiner schlichtesten Bedeutung bezieht es sich auf die Vögel, die vor allem viele der älteren Damen wegen der *uova caserecce*, der legefrischen Eier, und des gelegentlichen *brodo* halten, den sie durch das Kochen des Huhns gewinnen und als Suppenbasis verwenden. *Le galline* ist aber auch eine geographische Bezeichnung für die Straße, die um die Rückseite des Dorfs herumführt – deren offiziellen Namen zu lernen ich daher nie für nötig befand. Außerdem ist *le galline* noch eine Tageszeit – bei gemäßigtem Wetter bedeutet der Ausdruck ungefähr drei Uhr nachmittags, in den heißeren Monaten meint man damit eher vier, die Tageszeit nämlich, zu der sich die Frauen von ihrer Siesta erheben und hinausgehen, um die freilaufenden Hühner für die Nacht in den Stall zu scheuchen. *»Dopo le galline«*, »nach den Hühnern«, ist der häufigste Ausdruck, den man einer Einladung zu einem Kaffee am Spätnachmittag hinzufügt.

Und darum geht es bei all dem Lärm: Maria versucht, ihre Hühner in den Stall zu locken, doch das rostbraune Federvieh will nicht mitspielen. Zunächst mal kann ich Maria zwar nicht sehen, doch ich höre sie: »*Pipiii, pipiiiii!*« Niemand kann mir verraten, was das Wort bedeutet. Doch dies ist der offizielle Ruf, dessen sich hier jeder bedient, um seine Hennen in den Stall zu treiben. Die Schreie ertönen von oben, und während ich meinen Blick eine steile, schlammige Böschung hinaufwandern lasse, entdecke ich Maria.

»*Vieni!*«, ruft sie und fordert mich auf, zur *casettina*, der kleinen Hütte, heraufzukommen, in der ihre Hennen übernachten, doch sobald ich die Straße verlasse, rutsche ich in meinen Wanderstiefeln auf der glitschigen Erde des steinigen Hangs ab und beschließe, lieber an Ort und Stelle zu bleiben. Maria, die braune Hauspantoffeln mit glatten Sohlen trägt, scheint das tückische Terrain nicht zu stören. Sie hat eine der Hennen in ihren Stall gelockt, doch drei weitere trödeln noch hinter einem Baum am oberen Ende der Böschung herum und werfen ihr, während sie nach Futter scharren, hin und wieder einen abschätzigen Blick zu. Wer mag es ihnen verübeln, wenn sie an einem Tag wie dem heutigen, an dem die Sonne noch heiß und grell vom Himmel brennt, lieber draußen bleiben wollen? Maria ist allerdings anderer Meinung. Sie bückt sich, packt einen Stock und wirft ihn in Richtung des Baums. Als das nicht wirkt, bückt sie sich erneut, um eine Handvoll Steine aufzulesen, stapft die Böschung hinauf und schleudert die Geschosse, eins nach dem anderen, ganz gezielt, so dass sie hinter den Vögeln landen. Die Hennen lassen sich davon zwar kaum aufschrecken, gestehen sich aber offenbar ihre Niederlage ein und stolzieren gemeinsam langsam in ihren Bau, wobei sie unterwegs noch hie und da ein vereinzeltes Korn aufpicken.

Im Innern des Hühnerhauses ist es kühl, nur durch einen Schlitz im Dach dringt ein Lichtstrahl herein. Es gibt einen Trog mit Mais, einen Krug Wasser, einen Korb mit frischem Stroh, auf dem die Vögel schlafen können. Mit einem leisen Ausruf bückt sich Maria, klaubt etwas aus dem Stroh und reicht es mir. Es ist ein Ei, das einzige heute, noch warm – von der Sonne oder der Henne, die es gelegt hat, wer weiß. Ich zögere, es anzunehmen, da ich weiß, dass Eier hier noch immer einen wichtigen Bestandteil der Ernährung bilden, doch Maria besteht darauf. »Iss es heute Abend!«, sagt sie, »*fresca, fresca!*« – frisch, mit ein bisschen Olivenöl, ein bisschen Salz.

Maria hat vier Hennen, eine drei Jahre, die anderen fünf Monate alt. Trotz ihres Widerstands, Maria in den Stall zu folgen, lassen sie sich von ihr hochnehmen – und protestieren quasi nur der Form halber, ehe sie sich in ihrer Umarmung entspannen.

»*Piccoline!*«, seufzt Maria, »sehr klein«, und erklärt, dass die jüngeren Hennen nichts fräßen und daher auch nicht legten. Maria ist dreiundachtzig Jahre alt, und obwohl sie seit Jahrzehnten Hühner hält, begreift sie nicht, warum diese nicht legen wollen. Sie nimmt meine Hand und drückt sie an die Brust des Vogels, ein weicher Zug warmer Luft entweicht den Federn und umhüllt meine Finger. Ich spüre eine leichte Schwellung, und die, erklärt Maria, sei der Magen des Huhns, der aber eigentlich größer sein müsste. »*Mangia, mangia!*«, gurrt sie, wie eine Mutter bei ihrem Kind, hält eine Handvoll der Körner vor den Schnabel der Henne und veranlasst sie so, ein, zwei Körner aufzupicken.

Draußen hören wir Marias Freundinnen ihre Hühner nach Hause rufen, das Klirren alter Eisenbetten, die gegen die windigen Hühnerhaustüren gelehnt, das Schaben von Steinen, die – zum Schutz gegen hungrige Füchse und nächtliche Stürme – erneut als Gewichte auf die Dachziegel gelegt werden. Wir gehen hinaus, um uns aufs Mäuerchen zu setzen und zu plaudern. *Le galline* ist ein Kernstück im Sozialgefüge Campodimeles. Während die Männer sich zum Rauchen und Kartenspielen auf der Piazza versammeln, legen die Frauen hier ihre Pause ein, um über Tagesereignisse zu reden, darüber, wie ihre Hennen legen – und, wie es Italienerinnen immer tun, was es zum Abendessen geben wird.

Mein Abendessen wird aus diesem *Casereccio*-Ei bestehen, in Olivenöl gebraten und mit Salz und Peperoncino bestreut. Und der Dotter wird mit Sicherheit golden sein wie die Maisfelder, die diese Hennen ernährt haben, und das Eiklar in der Mitte fest und hoch stehen. Es wird nach … nun, frischestem Ei schmecken, doch es wird nichts Chemisches, keine Fadheit darin sein, sondern allein der untrügliche Wohlgeschmack des *cibo genuino*.

Ich frage mich, wie die Henne, die mein Abendessen gelegt hat, heißt, und Maria lacht laut auf. »Ein Name für ein Huhn? Wer käme denn auf so was?« Die Engländer, erwidere ich, vor allem, wenn sie nur vier Hennen im Hühnerstall haben. »Das sind Tiere!«, stellt Maria klar. »Wir halten sie wegen der Eier. Und wenn sie nicht mehr legen …« Sie fährt sich mit unsentimentalem Lächeln über die Kehle: »*Brodo!*«

145

Pollo e patate – Hähnchen und Kartoffeln

Dies ist ein schnelles und köstliches Ofengericht, für das man nur eine einzige Backform benötigt. Auf das Enthäuten des Hähnchens sollte man hier verzichten, da das unter der Haut liegende Fett das Gemüse befeuchtet und so den Gesamtgeschmack verbessert. Einige Köchinnen fügen auch noch rote Paprikaschoten hinzu, die man allerdings in große Stücke schneiden sollte, damit sie nicht verbrennen.

Etwas Olivenöl extra vergine
600 g Kartoffeln, geschält
1 mittelgroße Zwiebel, in dicke Scheiben geschnitten
1 Handvoll frische glatte Petersilienzweige
Feines Meersalz
4 Knoblauchzehen, geschält und mit der Messerklinge zerdrückt
  (falls gewünscht)
4 frische Eiertomaten, enthäutet und gehackt (falls gewünscht)
2 rote Paprikaschoten, geviertelt (falls gewünscht)
1 Freiland-Biohähnchen, in 8 Stücke zerteilt, oder eine
  Mischung von Hühnerteilen, mit oder ohne Haut

Den Ofen auf 200 °C vorheizen und einen großen Bräter mit etwas Olivenöl einfetten.

Die geschälten Kartoffeln in gleichmäßige, etwa 4 cm große Würfel schneiden und über den Boden des Bräters verteilen.

Zwiebel, Petersilie sowie einige kräftige Prisen Salz zusammen mit Knoblauch, Tomaten und Paprika (falls verwendet) hinzufügen und gründlich mit den Kartoffeln vermischen.

Das Hähnchen mit Salz bestreuen, in den Bräter setzen und ein wenig in die Gemüse-Kräuter-Mischung hineindrücken.

Falls man das Hähnchen samt Haut verwendet hat, nur wenig Olivenöl darüberträufeln. Hat man es enthäutet, etwas mehr Öl hinzufügen.

Den Bräter für etwa 45–60 Minuten in den Ofen schieben, bis Hähnchen und Kartoffeln völlig gar sind. Dabei gelegentlich umrühren, damit sich die Aromen verbinden, und das Hähnchen mit Bratensaft bepinseln. Falls die Kartoffeln zu bräunen beginnen, ehe das Hähnchen gar ist, ein Stück Alufolie auf den Bräter legen, bis sowohl Hähnchen als auch Gemüse gar sind.

Für 4–6 Personen.

Pollo alla brace – Hähnchen, auf Holzkohle gegart

Noch immer gilt *alla brace* in Campodimele als typische Fleischgarmethode, einfach weil man in den meisten Häusern nach wie vor mit Holz befeuerte offene Herde hat – in denen übrigens nie Kohle verbrannt wird. Für dieses Rezept lässt sich aber auch ein Barbecue- oder herkömmlicher Grill verwenden.

4 Hähnchenstücke, am besten mit Haut und Knochen
Einige Spritzer Olivenöl extra vergine
1 Prise feines Meersalz
Einige frische Rosmarinzweige
Einige Knoblauchzehen, geschält und mit der Messerklinge zerdrückt

Alle Zutaten in eine Schüssel geben, gründlich vermischen und mindestens eine Stunde an einem kühlen Ort oder aber – wenn möglich – über Nacht im Kühlschrank ziehen lassen.

Wer das Glück hat, einen Holzherd zu besitzen, oder aber Lust, in seinem Garten ein Holzfeuerchen zu entzünden, legt das marinierte Fleisch auf einen Grillrost, den er knapp über, aber nicht direkt auf der Holzkohle platziert, und grillt es, bis es durch und durch gar ist. Oder auf einem gewöhnlichen Grill garen.

Für 4 Personen.

Uova all'inferno – Hölleneier

Den schillernden Namen verdankt dieses Gericht der Tatsache, dass man es traditionell stets in einem Terrakottagefäß über den Flammen des Holzherds gegart hat. Der Rauch des Holzfeuers verleiht den Eiern dann zusätzlichen Wohlgeschmack. Alternativ lassen sie sich allerdings auch in einer kleinen Pfanne auf der Herdplatte braten.

1 Schuss Olivenöl extra vergine
1 Schuss selbsteingekochte Tomatensauce (siehe Seite 280) oder
2 frische Eiertomaten, enthäutet, Samen entfernt und gehackt
2 frische Bioeier
Feines Meersalz
Zerdrückte getrocknete rote Chilischote

Einen Spritzer Olivenöl in eine feuerfeste Terrakottapfanne geben, dann einen Schuss Tomatensauce oder die gehackten Tomaten auf eine Pfannenseite geben und über den Flammen des offenen Feuers oder auf einer anderen Kochstelle erhitzen.

Wenn die Tomaten dann heiß sind, Eier auf die leere Seite der Pfanne gleiten lassen und 2–3 Minuten garen, bis die Dotter oben milchig-weiß geworden sind.

Nun nach Geschmack mit Salz und etwas zerdrücktem Chili bestreuen und sofort und mit viel frischem knusprigem Brot direkt aus der Pfanne genießen.

Für 1 Person.

Uova fritte con peperoncino – Spiegeleier mit scharfem Chili

Es mag vielleicht lächerlich erscheinen, hier ein Spiegeleierrezept anzuführen, doch dieses Gericht resümiert nicht nur die Bescheidenheit der *cucina campomelana*, sondern auch ihre Art, beste Zutaten durch schlichteste Zubereitungsmethoden zu zelebrieren. Das hier folgende Rezept betrachtet man als die überzeugendste Art, um den Geschmack von Eiern, die wirklich *fresche, fresche* sind, voll auszukosten. In einem Gericht, das nur so wenige Zutaten enthält, kommt natürlich auch der geschmacklichen Qualität des Olivenöls höchste Bedeutung zu.

1 Schuss Olivenöl extra vergine
2 frische Bioeier
Feines Meersalz
Zerdrückte getrocknete rote Chilischote

Das Olivenöl in einer kleinen Pfanne erhitzen, und sobald es heiß ist, Eier in die Pfanne schlagen, Deckel auflegen und die Temperatur herunterschalten.

Nach 2–3 Minuten den Deckel heben: Sind die Dotter oben weiß und trüb, sind die Eier wahrscheinlich gar, so dass man sie vom Feuer nehmen, mit Salz und getrocknetem Chili bestreuen und sofort verzehren kann. Damit sie nicht abkühlen, am besten direkt aus der Pfanne und mit viel knusprigem Brot genießen.

Für 1 Person.

Stracciatella all'Assunta – Assuntas Eierstich

Besonders appetitlich sieht die Suppe ja nicht aus, doch es lohnt sich, ihr Aussehen zu ignorieren, um ihre ungewöhnliche Textur und den köstlichen Geschmack zu genießen. Zuweilen wird sie anstelle von *pasta in brodo* als *primo* serviert, dem dann als Hauptgang die Hähnchenteile folgen.

1 l Hühnerbrühe, zubereitet nach dem Rezept auf Seite 71
4 frische Bioeier
200 g Parmigiano-Reggiano oder Pecorino Romano, frisch gerieben
200 g frisch geriebene Semmelbrösel
Feines Meersalz

Den *brodo* in einen großen Topf geben und zum Köcheln bringen.

In der Zwischenzeit mit einer Gabel Eier, Käse, Semmelbrösel und 1 Prise Salz in einer Schüssel gründlich vermischen.

Den *brodo* vom Herd nehmen und die Eimischung vorsichtig hineingießen. Etwa 1 Minute lang stocken lassen, dann rühren, um die Eier aufzubrechen, und sofort servieren.

Für 4 Personen.

Schalotten auf der Piazza

Italien ist das Land der *sagre*, jener Jahr um Jahr stattfindenden Feste zur Feier der Ernte einer bestimmten Feldfrucht oder Obstsorte – sei es nun die Tomate, Mandel oder Orange. Doch die Italiener benötigen keine amtlichen Aufrufe zum Feiern. Jede eingebrachte Ernte bietet eine Möglichkeit, die Nachbarn zum Mittagessen einzuladen, um etwa die ersten dicken Bohnen des Jahres zu genießen; jeder sonnige Tag einen Vorwand für einen Spaziergang in den Hügeln oder um Fleisch über dem offenen Holzfeuer zu grillen; und der Beginn der Jagdsaison ist die ideale Gelegenheit, um Freunde zum Abendessen zu versammeln, mit denen man sich die erste Jagdbeute des Jahres teilt.

Wenn man einen so großen Teil der eigenen Nahrung selbsterzeugt, wie es die Campomelani tun, bringt eigentlich jede Woche einen Anlass zu einer inoffiziellen *festa* mit sich – wie etwa jener, die Attilio heute Abend im Moonlight Café veranstaltet. Diesmal werden die ersten *scalogni* gefeiert, die kleinen Schalotten, die der hiesigen Küche eine ganz typische Note verleihen. Die freudige Erregung am Tisch ist geradezu greifbar; alle reden über die Schalotten. *Frittata agli scalogni* sei ein klassisches Frühlingsgericht dieser Gegend, erzählt man mir – Spiegeleier und dazu Schalottenscheiben, die im eigenen zuckrigen Saft schwimmen. Die Knollen können getrocknet und über den Winter gelagert werden, wo man sie dann – um nicht immer ihre Cousine, die Zwiebel, nehmen zu müssen – an schwere Bohnen- und Pastasuppen gibt. »*Un altro gusto!*«, verspricht mir Attilio, »einen anderen Geschmack. Anders als alles, das du jemals gegessen hast.«

Die Berge stehen schon schwarz vor dem aprikosenfarbenen Himmel, als wir uns auf der Piazza versammeln, und aus dem *tramontano* – dem Raum »zwischen den Bergen« – kriecht die Nacht herauf; so nämlich beschreiben Italiener den Sonnenuntergang. Auf der Café-Terrasse hat Attilio einen weißen Email-Tisch, Rotweinflaschen und Gläser bereitgestellt. Daneben liegen die sehnsüchtig erwarteten *scalogni*, die zu beschaffen ihm einige Mühe bereitet hat – begehrt wie diese frühen Exemplare sind. Sie sehen nicht gerade überwältigend aus – ein Bündel schmutziger Knollen mit langen grünen Enden, von denen einige unter der sengenden Sonne goldgelb geworden sind. Und sie stinken wie aufgeschnittene Zwiebeln.

Allmählich treffen nun die Männer des Dorfes ein, um diesen saisonalen Gaumenschmaus zu verkosten. Die Brüder Patrizio, Elio und Norberto greifen sich die *scalogni*, ziehen ihnen nacheinander die äußeren Schichten ab und kappen die Wurzeln an der Unterseite der Knollen. Nackt wirken die Schalotten wie große Frühlingszwiebeln, und ihr weißes Fleisch glänzt feucht. Norberto drückt eine der Knollen flach auf einen Teller, so dass Saft austritt, kippt diesen zu einem Dressing – mit Salz und Weißweinessig vermischtem Olivenöl – und bietet es mir an.

Die rohe *scalogno* ist eine Art Schärfe-Explosion, attackiert meine Zunge, und das Nachbeben erwischt auch noch meine Nase und treibt mir die Tränen in die Augen. Sie ist bitterer als die französischen Schalotten, die ich gewöhnt bin, beißender als eine englische Frühlingszwiebel. Da die Knollen erst ein, zwei Stunden aus dem Boden sind, strotzen sie noch vor Saft, und mir ist, als müsse dieser Geschmack noch tagelang in meinem Mund verweilen.

»Das ist ein Aphrodisiakum«, versichert mir Norberto, doch wen die Annäherung eines Menschen, der gerade rohe *scalogno* genossen hat, beglücken würde, kann ich mir beim besten Willen nicht vorstellen. Obwohl natürlich klar ist, dass sie wenigstens in diesem Moment, an diesem Abend die Geselligkeit befördern.

Die Leute kommen, einer nach dem anderen, von der Bar herüber, um eine Schalotte zu zerquetschen, sie ins *Pinzimonio*-Dressing zu tunken und dann die weiße Knolle zu knabbern. Sie lachen

über die Schärfe, stürzen ein Glas Roten hinterher, um die Pene-
tranz ein wenig zu mildern, und jetzt streiten sich Bruno und Roberto
darüber, ob die *scalogni* in diesem Jahr nicht ein bisschen zu früh
dran waren oder aber doch zu ihrer gewohnten Zeit gekommen sind,
nachdem das Wetter so ungewöhnlich warm war und so weiter und
so fort. Während der aprikotfarbene Himmel zu zartem Violett ver-
blasst, wird mir klarer denn je, was es mit diesen italienischen Ernte-
Sagre eigentlich auf sich hat. Ja, es geht dabei um die Feldfrüchte; ja,
auch ums Danksagen für die neue Ernte; aber genauso – und vielleicht noch mehr – geht es in diesen *sagre* darum, dass Italiener einfach gerne in *compagnia* sind, die Gesellschaft ihrer Mitmenschen
und die damit verbundene Geselligkeit genießen.

Pinzimonio di scalogni – Pinzimonio mit Schalotten

Pinzimonio ist sowohl die Bezeichnung für ein Gericht, in dem man gewürztes Olivenöl als Tunke für rohes Gemüse verwendet, als auch ein köstlicher Antipasto. Das folgende Rezept eignet sich auch für milde unzerkleinerte Frühlingszwiebeln.

1 Bund frische ganze scalogni
1 kräftiger Schuss Olivenöl extra vergine
1 Schuss Weißweinessig
Feines Meersalz

Die Enden der *Scalogni*-Knollen kappen und die äußere Haut abziehen, so dass man eine saubere Knolle erhält.

Das Öl in eine kleine Schüssel geben, 1 Schuss Weißweinessig und 1 Prise Salz nach Geschmack hinzufügen und mit einem Teelöffel vermischen.

Die rohen *Scalogni*-Knollen auf einer flachen Unterlage zerdrücken, in die Ölmischung tunken und genießen.

Frittata agli scalogni – Schalotten-Frittata

Der Schlüssel zum Gelingen dieser Frittata liegt darin, dass man die Schalotten *piano, piano*, also »sachte, sachte« und ohne sie Farbe annehmen zu lassen auf sehr schwacher Flamme brät, damit sie ihre süßen Säfte freigeben. Dieses Rezept eignet sich auch gut für fein geschnittene Zwiebeln. Zum Garen der Frittata benötigt man eine antihaftbeschichtete Pfanne von 25 cm Durchmesser.

10 Scalogni-Knollen, frisch oder getrocknet, oder 2 große Zwiebeln
1 kräftiger Schuss Olivenöl extra vergine
Feines Meersalz
10 frische Bioeier

Die *Scalogni*-Knollen schälen und der Breite nach in dünne Scheiben schneiden.

Das Olivenöl in der Pfanne erhitzen, dann die *Scalogni*-Scheiben zusammen mit 2 oder 3 kräftigen Prisen Salz hinzufügen.

Den Pfanneninhalt rasch auf hohe Temperatur bringen, dann auf niedrigste Hitze herunterschalten, die *scalogni* darin etwa 20 Minuten lang behutsam sautieren und häufig umrühren, damit sie nicht bräunen.

Während die *scalogni* garen, die Eier in einer Schüssel verschlagen.

Sobald die *scalogni* glasig geschwitzt sind und im eigenen Saft schwimmen, die Eier hinzufügen und gründlich rühren, damit sich die *scalogni* gleichmäßig in der Frittata-Masse verteilen.

Nun Hitze reduzieren, die Ränder der Frittata vorsichtig von den Seiten der Pfanne zur Mitte schieben und dabei die Pfanne ständig rütteln, damit das flüssige Ei zu den Rändern laufen und gar werden kann.

Sobald ein Großteil der Eimasse gestockt ist, den Rand der Frittata anheben, um zu sehen, ob die Unterseite gebräunt ist – wenn ja, einen großen Teller über die Pfanne legen; dann mit einer Hand den Teller und mit der anderen den Pfannengriff festhalten und die Pfanne umdrehen, so dass die Frittata auf den Teller stürzt. Die Frittata mit der ungegarten Seite nach unten in die Pfanne zurückgleiten lassen und noch einige Minuten weitergaren, bis die Unterseite goldbraun ist.

Sofort auf einen Teller gleiten lassen. Heiß schmeckt die Frittata zwar gut, noch besser allerdings ist sie einige Stunden später, nachdem sich die Aromen der *scalogni* entsprechend entfalten konnten.

Für 4–6 Personen.

Stracciatella agli scalogni – Schalottensuppe mit Eierstich

1 kräftiger Schuss Olivenöl extra vergine
16 scalogni, in Scheiben geschnitten
1 Handvoll frische glatte Petersilie, fein gehackt
2 Knoblauchzehen, fein gehackt
Feines Meersalz
200 ml selbsteingekochte Tomatensauce (siehe Seite 280) oder
  4 frische Eiertomaten, Samen entfernt und gehackt
1 l Hühner-Brodo, zubereitet nach dem Rezept auf Seite 71, oder
  Gemüsebrühe
4 dicke Scheiben altbackenes, grobes Vollweizenbrot, mit der Hand geschnitten
4 frische Bioeier
200 g frisch geriebener Parmigiano-Reggiano oder Pecorino Romano
  (falls gewünscht)

In einem großen, tiefen Topf das Öl erhitzen. Die *scalogni* darin bei schwacher Hitze 10 Minuten sautieren, bis sie glasig sind, aber noch keine Farbe angenommen haben.

Gehackte Petersilie und Knoblauch sowie 1 Prise Salz dazugeben und noch 1 Minute garen.

Tomatensauce oder Tomaten hinzufügen und einige Minuten köcheln lassen, dann die Brühe zugießen und zum Sieden bringen. Beiseitestellen.

Jeweils 1 Scheibe Brot auf den Boden der vier tiefen Teller legen und sie mit etwas Olivenöl beträufeln.

Die Eier (mit dem Käse, falls verwendet) in einer Schüssel verschlagen. Das geschlagene Ei langsam in die Suppe gießen. Etwa 1 Minute stocken lassen, dann die Masse mit einer Gabel vorsichtig zu »Schnüren« aufbrechen.

Die Suppe über das Brot in die Suppenteller schöpfen und, falls gewünscht, zusätzlich mit gehackter Petersilie bestreuen.

Für 4 Personen.

Juni

Schnecken für San Onofrio

Von hier oben sieht man das Dorf gar nicht, nur die Berge, die sich wie zerknitterter Samt zur himmelblauen See hin erstrecken. Und an einem Sommertag wie diesem, wo allein der Gesang der Vögel die Luft bewegt, kann man leicht begreifen, warum sich die Benediktiner hier niederließen.

Ich stehe vor dem Tor von San Onofrio, dem hoch über Campodimele gelegenen Kloster. All die Male, die ich hier war, sind mir nur wenige Menschen begegnet: ein Schäfer, der seine Schafe hütete; die Kuhhirtin, die ihre schönen weißen Kühe an mir vorübertrieb; hin und wieder ein Wagen, in dem einer der wenigen Menschen saß, die hier oben Land bewirtschaften; oder auch Touristen, die das *Paese della Longevità* erkunden.

Als vor fast tausend Jahren die benediktinischen Mönche ihre hiesige Gemeinschaft begründeten, muss es noch viel abgeschiedener gewesen sein – der ideale Ort, um die Einöde San Onofrios heraufzubeschwören, jenes Heiligen des 5. Jahrhunderts, der vierzig Jahre in schweigender Einkehr in der ägyptischen Wüste verbrachte. Die Schönheit der Landschaft, die Weisheit, die sich dem offenbart, der die Natur zu seinem ständigen Begleiter erwählt, schenkte den Brüdern sicher genug von jener geistigen Nahrung, nach der es sie verlangte. Doch wie, frage ich mich, während ich durch die sonnenwarmen Stangen des Eisentors aufs helle Gestein des Klosters und die Gärten blicke, wie sorgten sie für ihre irdischeren Bedürfnisse?

Campodimele liegt einen gut zweistündigen Fußmarsch über einen Bergpfad entfernt, so dass die Benediktiner, als sie sich hier niederließen, beträchtlich autarker gewesen sein müssen, als dies heute nötig wäre. Mit Sicherheit bewirtschafteten sie einen *orto* und hielten Hühner und Ziegen. Und vielleicht trotzten sie auch den Gefahren der von Briganten heimgesuchten Hügel, um wilden Spargel zu sammeln oder Hasen und Wildschweine zu fangen. Und haben sie im Sommer – überlege ich mir – wohl auch *ciammotte*, die Schnecken aus den Buchenwäldern, gesammelt und sie am 12. Juni, dem Tag des heiligen Onofrio, in *salsa verde* serviert? Dieses Traditionsfest nämlich werden die Dorfbewohner am morgigen Tag begehen.

Der Duft nach Minze und Knoblauch steigt mir schon in die Nase, noch ehe Adalgesia die Tür ihres Bauernhauses geöffnet hat. Ebenso wie eine Andeutung von Holzrauch. Sie sei bereits seit vier auf den Beinen, erzählt sie mir, als sie mich auf beide Wangen küsst und in die Wärme ihrer Küche zieht.

Es ist jetzt kurz nach sechs, und die violette Juninacht weicht allmählich der sommerlichen Dämmerung, doch der hauchzarte Nebel des aufsteigenden Taus bringt eine feuchte Kühle mit sich, und es ist wunderbar, neben Adalgesias Herd zu sitzen, die Wärme seiner Gasflammen zu spüren und das Aroma der Espressokanne zu riechen, in der gerade der Kaffee brüht.

Das frühe Aufstehen ist für Adalgesia völlig normal. Früher gingen die Männer noch in der Dunkelheit auf die Felder und arbeiteten vom ersten Lichtstrahl bis zum Mittag, wenn die Sonne sie zum Essen und zur Siesta nach Hause trieb. Und an den kurzen Wintertagen wurde, als es noch keinen Strom gab, jede Stunde Tageslicht benötigt. Mit der Sonne aufstehen und bei Einbruch der Dunkelheit schlafen gehen: ein Rhythmus im Einklang mit der Natur, der, wie Untersuchungen zeigen, wegen seiner Wirkung auf den Melatoningehalt unseres Körpers womöglich zu einem langen Leben beiträgt.

»*Le ciammotte*«, sagt Adalgesia, während sie den Deckel von einem auf dem Herd köchelnden Topf hebt und ein Haufen gestreifter brauner Spiralen sichtbar wird. Die Schalen sind mit dem Grün von Frühlingszwiebeln und frischer wilder Minze gesprenkelt, deren Duft an diesen feuchten Sommermorgenden die Wiesen parfümiert.

Ciammotte sind, wie es scheint, das traditionelle San-Onofrio-Gericht, weil es zu dieser Zeit da draußen einfach eine Unmenge von ihnen gibt. Diese hier hat Adalgesia aber nicht selbst gesammelt, sondern sie kauft sie – wie heute die meisten Dorfbewohner – von einer geschäftstüchtigen Person, die außerhalb des Dorfes wohnt, sie in den Bergen ringsum sammelt und nur deswegen verkaufen kann, weil die Leute ihr trauen und glauben, dass es sich bei ihren Schnecken tatsächlich um wilde und nicht etwa Zuchtschnecken handelt. Die Schnecken sind allerdings die einzige Zutat des San-Onofrio-Mittagessens, die Adalgesia gekauft hat – alles andere hat sie selbst angebaut oder gesammelt.

Nach den Schnecken ist die *caprettone*, das fünf Monate alte Zicklein, an der Reihe, das Adalgesia heute morgen um halb sechs – ehe sich die Fliegen überall breitmachen – getötet und zerlegt hat. Es ist eingelegt in Olivenöl, Rosmarin, Petersilie und Knoblauch und wird später *alla brace* im Freien gegart. Das Ziegenfleisch wird Adalgesia mit einem *contorno* aus blättrigen *broccoletti* servieren, den sie eingefroren hat, als es in ihrem Winter-*Orto* Unmengen davon gab, sowie mit einer Frittata mit ebenfalls bereits im Frühling gesammeltem und tiefgekühltem Wildspargel. Die alten Konservierungsmethoden mit den neuen verbinden, denke ich mir.

Momentan hackt sie gerade drei Eiertomaten und gibt sie mit einer weiteren heftigen *mescolata*, einer gründlichen Umrührbewegung mit dem Holzlöffel, zu den Schnecken. Nicht mehr lange, und die Schnecken werden fertig sein. Bis Adalgesias Familie zum Mittagessen eintrifft, sind sie abgekühlt, hat sich ihr Fleisch gelockert, und sie sind verzehrbereit. Viele essen Schnecken kalt, nicht zuletzt, weil es bequemer ist, sie schon im Voraus zuzubereiten. Aber sie schmecken auch warm, stelle ich fest, als ich mit der Gabelzinke eine aus ihrer Schale ziehe und registriere, wie die Salzigkeit des Knoblauchs mit den süßen hohen Noten der Minze kämpft. Waren es die Benediktiner, die mit der Tradition des Schneckenessens zu San Onofrio begannen? Und wenn ja, haben sie sie warm oder kalt gegessen? Haben auch sie sie schon mit Bergkräutern gewürzt?

Wochen vergehen, es ist Ende Juni, und wieder bin ich in San Onofrio, doch diesmal nicht allein. Gewöhnlich ist die Klosterkirche nur nach Vereinbarung für Publikum geöffnet, doch am 30. Juni wird traditionsgemäß eine besondere Messe zu Ehren des Schutzpatrons abgehalten, der drei weitere Messen Mitte Juli, August und September folgen. Die Schönheit der Kirche besteht in ihrer Schlichtheit – schmucklose Linien, weiße Wände, ein einfacher Altar und eine Statue des Heiligen, dessen langer weißer Bart die vier in der Wüste verbrachten Jahrzehnte symbolisiert.

Wir – Pasqualina, Assunta, Marietta und ich – haben nur fünfundzwanzig Minuten gebraucht, um den steinigen Gebirgsweg hinaufzufahren, wobei ich langsam wie eine *ciammotta* gekrochen bin. Wir lachen. In ihrer Kindheit haben sie die Wallfahrt noch zu Fuß gemacht. *»Ci voleva tanto tempo!«* Wie lang das doch damals gedauert hat.

Vor dem Kloster sind bereits Dorfbewohner versammelt und beten den Rosenkranz – dieselben Gebete, die früher auch die Benediktiner tagtäglich hier darbrachten.

Während wir nacheinander in die Kirche treten, entdecke ich Adalgesia und danke ihr noch einmal für mein wunderbares San-Onofrio-Essen. Und plötzlich wird mir bewusst, dass Adalgesias Küche tausend Jahre nach der Ankunft der Benediktiner in diesen Bergen fast noch genauso autark ist, wie es die des Klosters einst gewesen sein muss – aber nur, weil sie es so will, und nicht, weil es so sein müsste.

Ciammotte alla salsa verde – Wilde Schnecken in grüner Sauce

Als Erstes müssen Sie Ihre Schnecken sammeln! Oder sie noch lebend bei einem seriösen Anbieter kaufen. Wenn Sie Glück haben, wird Ihr Schneckensammler das »Purgieren« für Sie übernehmen – das heißt, für die Entleerung der Därme sorgen, so dass man sie gefahrlos verzehren kann. Wer das selbst erledigen muss, sollte die Schnecken mehrere Tage lang in einem gut gelüfteten Käfig halten, ihnen nur Mehl zu fressen geben und sicherstellen, dass sie stets einen frischen und reichlichen Wasservorrat haben. Nach fünf Tagen – vielleicht auch länger – dürften die Schnecken dann nur noch weißes Mehl ausscheiden und man kann sich sicher sein, dass sie nun sauber und verzehrbereit sind.

1 kg purgierte lebende Schnecken
Einige Spritzer Olivenöl extra vergine
1 Handvoll frische glatte Petersilie, fein gehackt
4 große Knoblauchzehen, fein gehackt
Grüne Enden von 2 frischen Knoblauchknollen, fein gehackt
1 Handvoll Sellerieblätter, fein gehackt
1 Handvoll frische Minze, fein gehackt
Einige Prisen feines Meersalz
2 Eiertomaten, fein gehackt

Die purgierten Schnecken in reichlich kaltem Wasser waschen und die Schalen sauber bürsten.

In einem großen tiefen Topf, in dem alle Schnecken leicht Platz finden, das Olivenöl vorsichtig erhitzen.

Gehackte Petersilie, Knoblauch, Knoblauchenden und Sellerieblätter hinzufügen, 1–2 Minuten sehr behutsam sautieren und darauf achten, dass der Knoblauch weder Farbe annimmt noch verbrennt. Die gehackte Minze zu den anderen Zutaten in den Topf geben.

Nun die Schnecken hinzufügen und mit so viel kaltem Wasser aufgießen, dass sie knapp bedeckt sind.

3–4 kräftige Prisen Salz dazugeben und vorsichtig umrühren, damit sich die *odori* gleichmäßig verteilen.

Das Wasser langsam zum Sieden bringen – dies bewirkt, dass die Schnecken aus ihren Schalen heraustreten, wodurch man später besser an sie herankommt.

Den Deckel auflegen, etwa 2 Stunden köcheln lassen und dabei gelegentlich umrühren. Während dieser Zeit sollte das Wasser allmählich verdampfen, so dass die Schnecken schließlich in ihrem eignen öligen Sud dämpfen.

Nach etwa 2 Stunden die gehackten Tomaten hinzufügen, gut umrühren, Deckel wieder auflegen und weitere 15 Minuten köcheln.

Nun eine der Schnecken aus dem Topf nehmen, den fleischigen Teil mit einem Zahnstocher aufspießen, aus der Schale ziehen und probieren; die Schnecken sollten zart sein, aber nicht gummiartig.

Gut umrühren und warm oder kalt und mit etwas Sauce servieren.

Für 6–8 Personen.

Caprettone alla brace – Zicklein, über Holzkohle gegart

Falls man das Glück hat und eine eigene Holzfeuerstelle besitzt, wartet man, bis aus dem Holz glühende Kohlen geworden sind, ehe man das Zicklein darauf gart; alternativ kann man aber auch einen gewöhnlichen Holzkohle- oder Elektrogrill verwenden.

1 kräftiger Schuss Olivenöl extra vergine
1 Handvoll frische glatte Petersilienzweige
2 ganze Rosmarinzweige, halbiert
4 Knoblauchzehen, geschält und mit der Messerklinge zerdrückt
2 kg Zickleinstücke, am Knochen

Öl, Kräuter, Knoblauch und Zickleinfleisch in einer Schüssel vermischen und mehrere Stunden an einem kühlen Ort – oder auch über Nacht im Kühlschrank – durchziehen lassen.

War das Fleisch über Nacht im Kühlschrank, sollte man es mindestens eine halbe Stunde vor dem Garen herausnehmen, damit es sich wieder auf Raumtemperatur erwärmen kann.

Sobald die Holzkohle glüht, das Fleisch auf ein Grillrost legen und dieses so über der Feuerstelle platzieren, dass das Fleisch sich zwar knapp über der glühenden Kohle befindet, diese jedoch nicht berührt. Oder aber auf einem gewöhnlichen Grill garen.

Für 6–8 Personen.

Spaghetti con sugo di pomodoro e pollo –
Spaghetti in Tomaten-Hähnchen-Sugo

Dies ist ein weiteres Rezept für zwei Gerichte in einem. Die Tomatensauce wird durch das Hähnchenfleisch aromatisiert und findet als Pastasauce beim *primo* Verwendung; die Hähnchenstücke werden zunächst beiseitegestellt und anschließend als *secondo*, das heißt gleich nach der Pasta, gegessen.

1 kräftiger Schuss Olivenöl extra vergine
1 mittelgroße Zwiebel, fein gehackt
1 Stange Bleichsellerie mit Blattwerk, fein gehackt
Einige Zweige frische glatte Petersilie, fein gehackt
4 Hähnchenflügel oder -keulen
Feines Meersalz
1 mittelgroßes Glas guter trockener Weißwein
1 l selbsteingekochte Tomatensauce (siehe Seite 280)
400 g Spaghetti

In einem weiten tiefen Topf das Öl erhitzen, dann Zwiebel und Sellerie etwa 10 Minuten darin sautieren und darauf achten, dass die Zwiebel nicht bräunt.

Die gehackte Petersilie hinzufügen und 1–2 Minuten mitbraten.

Nun Hähnchenteile in den Topf geben und etwa 1 Minute von jeder Seite anbraten.

2 oder 3 kräftige Prisen Salz und den Weißwein hinzufügen, aufwallen lassen, dann die Temperatur herunterschalten und einige Minuten köcheln lassen, bis der Wein eingekocht ist.

Die Tomatensauce hinzufügen, den Topfinhalt erneut zum Sieden bringen, dann die Hitze reduzieren und mit halb aufgelegtem Deckel etwa 40 Minuten lang köcheln lassen.

Sobald die Hähnchenteile durch und durch gar sind, den Topf vom Herd nehmen und das Fleisch, in Alufolie eingeschlagen, auf einen Teller legen.

In einem großen Topf Salzwasser zum Sieden bringen und die Spaghetti gemäß Packungsanweisung – gewöhnlich 8–10 Minuten lang – kochen. Sobald sie al dente sind, abgießen und in den Topf mit der Tomatensauce geben. Vorsichtig umrühren, so dass jeder Nudelstrang mit Sauce überzogen ist, und sofort servieren.

Für 4 Personen.

Alle Teile der Pflanze

Zucchini sind höchst extravagante Pflanzen: wuchernde Dschungel üppig grüner Blätter, prachtvolle Trompeten von goldenen Blüten, eine unendliche Fülle schimmernder Früchte.

Wenn ich Amalias Zucchini im *orto* hinter ihrem Haus betrachte, sehe ich ihre Schönheit, und dennoch hat die Frucht nie mein Herz erobert. Zu oft empfinde ich Zucchini als fades Vehikel für all die Kräuter, mit denen man sie würzt, Früchte, denen es an eigenem Charakter mangelt; schwammiges, wässriges Fleisch, umhüllt von bitter schmeckender Haut.

In Campodimele aber gehören sie zu den ersten reifen Gemüsen des Sommer-*Orto*, und während ich sie zwischen all den ordentlichen Salat- und Bohnenreihen emporschießen sehe, drängt sich der Gedanke auf, ob diese *gioia di vivere*, diese Lebensfreude, nicht eigentlich ihren Geschmack verbessern müsste.

»*Ogni parte della pianta*«, erklärt mir Amalia, als sie die frisch gepflückten Zucchini in ihrer Küchenspüle wäscht, »jeder Teil der Pflanze. Das ist das Schöne an den Zucchini. Man kann das Fruchtfleisch, die kleinen Blätter, ja sogar den Stiel verwenden. Und selbstverständlich sind auch die Blüten essbar.«

Letztendlich waren es die Blüten, die mich dazu brachten, den Zucchini eine zweite Chance zu geben: übergroße gelbe Sterne, die in der Sonne funkeln. Zucchiniblüten werden hier quasi als Anhängsel der schlanken grünen Fruchtstangen verkauft oder aber separat davon und in Bündeln. Durch ihre Trompetenform eignen sie sich ideal zum Füllen, beispielsweise mit Ricotta, etwas getrocknetem Chili, ein, zwei sonnengetrockneten Tomaten. Dabei werden die Blütenblätter über die Füllung gefaltet und roh serviert oder aber in Ausbackteig getunkt und in Olivenöl frittiert. Die ausgebackenen Blüten zeichnen sich durch eine grüne Süße aus und wären mit ihrer knusprigen Hülle – der perfekten Verpackung für schmelzend-zarten Käse – köstlich genug, um den Anbau dieser Pflanzen zu rechtfertigen, auch wenn man von den grünen Früchten völlig absähe. Doch Amalia besteht darauf, dass auch ihre Zucchinifrüchte zusammen mit den Blättern und Stängeln wunderbar munden, was allemal klingt, als sei es einen Versuch wert.

Die einfachste Art, alle Teile dieser Pflanze zu genießen, bietet eine *minestra*. Wie es aussieht, köchelt sowieso schon Amalias gesamter Sommer-*Orto* in diesem Suppentopf: Zwiebeln, Knoblauch, flache grüne *Coralli*-Bohnen samt Schoten, frische Borlottibohnen, Kartoffelwürfel. Sie hackt die Zucchini, die dünnen Stängel und die krausen kleinen Blätter, und gibt sie zu der Mischung. Dann greift sie nach den Blüten, zupft die pollentragenden Stempel heraus und wirft die Blütenblätter in die brodelnde Suppe. Sie wirken so zart, dass ich Angst habe, sie könnten sich auflösen, doch das tun sie nicht. Und da auf der Seite liegt noch ein rohes, übrig gebliebenes Zucchinistück. Ich beiße hinein, und es ist, als koste ich eine Frucht, die ich noch nie gegessen habe: das feste, knackige Fleisch ist von sahniger Frische, die Haut weist keinerlei chemischen Beigeschmack auf. Doch wie sie wohl sein mögen, wenn sie erst gekocht sind?

Wir essen die Minestrone kalt, am nächsten Tag, als kühlenden ersten Gang eines sommerlichen Mittagessens. Sie ist perfekt: obwohl sich in der Brühe sämtliche Aromen verbunden haben, hat jedes Gemüse, jede Hülsenfrucht ihren Eigengeschmack bewahrt. Die Zucchiniblüten schmecken süß, die Blätter sind dunkel und intensiv, und in jedem Löffel spüre ich die Knackigkeit der in Scheiben geschnittenen Stängel. Und das Fruchtfleisch? Mit dem Löffel fische ich ein Stückchen heraus und probiere es. Es ist gut, immer noch knackig, cremig und frisch auf der Zunge. Alle Teile der Pflanze, in der Tat. Und jeder strotzt nur so vor *gioia di vivere*.

Minestra ai fiori di zucchine –
Zucchiniblütensuppe

Falls Sie eine Möglichkeit haben, Zucchini komplett mit Blüte, Blättern und Stängeln zu beziehen, sollten sie für diese Suppe sämtliche Pflanzenteile verwenden.

1 kräftiger Schuss Olivenöl extra vergine
1 große Zwiebel, in feine Scheiben geschnitten
1 Handvoll frische glatte Petersilie, gehackt
2 Knoblauchzehen, fein gehackt
2 große Kartoffeln, gewürfelt
1 Handvoll frische, enthülste Borlottibohnen
1 Handvoll junge Coralli- oder Stangenbohnen, in Scheiben geschnitten
300 ml selbsteingekochte Tomatensauce (siehe Seite 280)
Feines Meersalz
4 kleine Zucchini samt Blüten sowie 4 weitere Zucchiniblüten – die Stempel,
*   d. h. die inneren Stiele, entfernen und wegwerfen*
1 Handvoll Zucchinistängel und -blätter, falls erhältlich
100 g Parmigiano-Reggiano oder Pecorino Romano, fein gerieben

In einem großen tiefen Topf das Olivenöl erhitzen und die Zwiebel darin etwa 10 Minuten lang sanft anschwitzen, bis sie glasig, aber nicht gebräunt ist.

Petersilie, Knoblauch und Kartoffelwürfel hinzufügen, etwa 1 Minute lang anbraten und darauf achten, dass der Knoblauch nicht verbrennt.

Die Borlottibohnen, die geschnittenen *Coralli-* oder Stangenbohnen, die Tomatensauce und einige kräftige Prisen Salz nach Geschmack hinzufügen.

Als Nächstes so viel kaltes Wasser zugießen, dass es das Gemüse bedeckt und mehrere Zentimeter darüber steht, dann das Ganze zum Sieden bringen, Hitze reduzieren und teilweise abgedeckt etwa 20 Minuten köcheln lassen.

Die Zucchini in etwa 2 cm große Würfel schneiden, die Stängel und Blätter hacken, falls verwendet.

Die Blüten lässt man ganz. Nun alle Zucchini-Teile in den Topf geben, umrühren und nochmals etwa 25 Minuten köcheln, bis die Borlottibohnen weich sind.

Die Suppe heiß und mit geriebenem Käse servieren, ober aber kalt beziehungsweise wieder aufgewärmt am folgenden Tag.

Für 4–6 Personen.

Zucchine alla parmigiana –
Gebratene Zucchini, mit Parmesan überbacken

Zum Zucchinibraten sollte man unbedingt eine große Pfanne verwenden, um sicherzugehen, dass sie angesichts ihres beträchtlichen Wassergehalts auch wirklich braten statt nur zu dämpfen. Wenn Sie nur eine kleine Pfanne besitzen, sollten Sie sie in zwei Schüben garen. Auch direkt aus der Pfanne schmecken sie köstlich – und für den, der keinen Käse mag, auch ohne Parmesan.

4 Zucchini
1 kräftiger Schuss Olivenöl extra vergine
1 Knoblauchzehe, fein gehackt
1 Handvoll frische glatte Petersilie, fein gehackt
Feines Meersalz
100 g Parmigiano-Reggiano, fein gerieben

Den Backofen auf 200 °C vorheizen.

Die Zucchini schräg in Scheiben schneiden.

Das Olivenöl in einer großen Pfanne erhitzen und kurz bevor es raucht, den Knoblauch etwa 20 Sekunden darin sautieren, ehe man die Zucchini dazugibt und bei kräftiger Hitze 1–2 Minuten brät, bis sie auf beiden Seiten ein wenig Farbe anzunehmen beginnen.

Petersilie und Salz nach Geschmack unterrühren, dann die Zucchini in eine feuerfeste Backform kippen und den geriebenen Käse darüber verteilen.

Die Form für 15 Minuten in den vorgeheizten Backofen stellen, bis der Käse geschmolzen und oben schön goldbraun ist.

Für 3 Personen als Hauptgericht, für 5 als Beilage.

Fiori di zucchina ripieni – Gefüllte Zucchiniblüten

12 Zucchiniblüten
600 g Ricotta
1 Schuss Olivenöl extra vergine
4 sonnengetrocknete Tomaten, in feine Streifen geschnitten
1 Handvoll frische glatte Petersilie, fein gehackt
Feines Meersalz
Zerdrückte getrocknete rote Chilischote (falls gewünscht)

Die Zucchiniblüten putzen und die Stempel – das heißt die »Stiele«
in der Blüte – herausknipsen und wegwerfen.

In einer Schüssel den Ricotta mit einem Schuss Olivenöl, den
sonnengetrockneten Tomatenstreifen, der Petersilie, 2 oder 3 Prisen
Salz und einigen Prisen getrocknetem Chili (falls verwendet) vermischen.

Die Blütenblätter der Zucchiniblüten nach unten klappen; darauf achten, dass man sie dabei nicht zerreißt. Dann den Blütenkopf
seitlich ausrichten und vor sich hinlegen. Einen Löffel der Käsemi-
schung auf ein Blütenblatt geben, einen weiteren hinzufügen, dann
die Blütenblätter behutsam um die Füllung herum schließen und
die Blüten auf eine Servierplatte legen.

Zusammen mit einem guten Glas Weißwein als Antipasti servieren.

Ergibt 12 gefüllte Blüten.

Zucchine fritte in pastella alla birra –
Zucchini, in Bierteig ausgebacken

In Teig ausgebackenes Gemüse wird in Campodimele häufig schon im Voraus zubereitet und nicht heiß, sondern eher bei Raumtemperatur serviert.

100 g italienisches Weizenmehl tipo 00 (doppio zero) oder
  deutsches Mehl Type 405
250 ml italienisches Bier – Nastro Azzurro ist hier in der Gegend sehr
  beliebt
1 frisches Bioei
Feines Meersalz
4 kleine Zucchini
1 kräftiger Schuss Olivenöl extra vergine

In einer großen Schüssel Mehl, Bier, Ei und 2 kräftige Prisen Meersalz zu einem glatten Teig verschlagen und diesen etwa 30 Minuten stehen lassen.

In der Zwischenzeit die Zucchini schräg in dünne Scheiben schneiden und mit etwas Salz bestreuen.

Sobald der Teig eine halbe Stunde geruht hat, das Olivenöl in einer Pfanne erhitzen, die Zuchini in den Teig geben und darauf achten, dass jede Scheibe mit Teig überzogen ist.

Sobald das Öl sehr heiß geworden ist, die getunkten Zucchini hineingeben und braten, bis sie unten goldbraun sind, dann wenden und auch auf der anderen Seite goldbraun braten.

Auf einen mit Küchenpapier ausgelegten Teller geben (das Papier saugt das überschüssige Öl auf), und heiß oder bei Raumtemperatur servieren.

Juli

Aus den Wäldern

Vieles aus der *cucina* Campodimeles nimmt hier seinen Anfang: an den Osthängen des Eichenhains, im Flüstern des Westwinds, Hunderte von Metern oberhalb des historischen Zentrums der Stadt.

Es ist sieben Uhr früh an einem Julimorgen, und das Sonnenlicht quillt wie Lava über die Berggipfel, flackert wie eine Flamme an den dünnen Baumstämmen empor und zuckt wie Feuer aus dem Laub. Unten hinter den Mauern des Dorfs hält sich noch die Kühle der Nacht, doch hier oben, am ungeschützten Berghang, spürt man schon die brutale Sommerhitze.

Um hierher zu gelangen, muss man die hinter Campodimele bergauf führende Serpentinenstraße etwa sieben Kilometer hinauffahren, dann den Wagen stehen lassen und einem steinübersäten Pfad über mehrere hundert Meter folgen, bis man eine Lichtung im Wald erreicht. Dann geht es weiter bergauf, bis der Waldboden seine Kalkfelsen freigibt und man sich im Herzen des *cerreto*, des Eichenhains, befindet. Der weitere Weg ist nicht ganz klar, doch wenn man einen Augenblick innehält und auf das Säuseln der Brise lauscht, hört man das Gebimmel der Glocken, die einem die Richtung weisen.

Die Glocken gehören den Pferden, und während man immer höher kraxelt, entdeckt man sie: Die fuchsbraunen Köpfe neugierig hinter den Bäumen hervorgereckt, erwarten sie einen, haben – wegen der unvertrauten Schritte – die Ohren gespitzt. Erst wenn sie einen begutachtet haben, treten sie ins Freie heraus, und da sieht man dann auch die an den Seiten befestigten Stämme.

Dies sind die Pferde, die das Holz für die Öfen und Herde schleppen, auf denen die Bewohner Campodimeles einen so großen Teil ihres Essens kochen. Ohne die Pferde gäbe es kein Feuerholz, denn mit Hilfe von Radfahrzeugen lässt sich auf diesem Terrain nichts transportieren. Ohne diese Holzstämme gäbe es keinen *forno a legna* zum Pizza- und Brotbacken. Keine *fuochi*, sprich offene Feuerstellen, auf denen Hülsenfrüchte rauchig und zart geköchelt werden. Und auch keine *brace* aus bröckliger Holzkohle, zum Grillen. Insofern ist die *raccolta di legna*, die Holzernte, der Punkt, an dem ein Großteil des Kochens beginnt.

Die *raccolta* wird von der Comune di Campodimele, dem örtlichen Gemeinderat, organisiert und beginnt im November, wenn sich die Berge in Regen und Nebel hüllen. Während der folgenden acht Monate fällt das Team der Waldarbeiter mit Kettensägen 10 000 *quintali* an Eichenstämmen, also mehr als 950 000 Kilogramm. Sie schnüren das Holz zu Bündeln zusammen, befestigen diese an den Flanken der Pferde und schicken sie mit einem Klaps auf den Hintern und dem Schrei »*Su, muoviti!*« – »Los geht's!« – den Berg hinunter.

Es sind acht Pferde in diesem Jahr und ein Fohlen, das seiner Mutter hinterhertrottet, während sie sich den Berg hinauf- und hinunterkämpft. Da ist Toby, der Anführer, der einem vielleicht im Vorbeigehen die samtigen Lippen in die Hand drückt. Dann Silvana, Bimba, Pupa, Rondinella, Giulia, Vespa, Bionda und ihr Baby Bello. Nacheinander steigen sie den Berg hinunter, ohne menschlichen Führer, bis sie die Lichtung erreicht haben, wo die Arbeiter sie wieder von den Stämmen befreien. Dann bilden die Pferde eine Schlange, warten darauf, mit Seilen aneinandergebunden und wieder bergauf geführt zu werden, hinauf an die Stelle, wo mittlerweile schon die nächste Ladung von Baumstämmen gefällt wird. Das von ihnen tranportierte Holz wird an die Dorfbewohner verkauft, die es in ihren Kellern und Schuppen lagern. Sogar an den heißesten Sommertagen sieht man Frauen, die auf dem Kopf hohe Holzstöße durch die Straßen tragen – um die *forni* und Holzfeuer zu bestücken, auf denen sie ihre Mahlzeiten kochen.

Daher ist dies in gewissem Sinne ein Anfang, heute allerdings ist es auch ein Ende, denn dieser erste Samstag im Juli markiert den letzten Tag der *raccolta di legna*. Es ist ein Tag, an dem man über ein erfolgreiches Jahr des Holzsammelns Bilanz zieht und Dank sagt für eine weitere sicher eingebrachte Ernte. Es ist ein Tag, an dem die Pferde gefeiert werden, ohne die in den Herden und *forni* kein Feuer brennen würde. Ein Tag für die Waldarbeiter, die Männer und Jungen des Dorfs, um sich zu einer *festa* im Freien zu versammeln.

Wenn man daher die Pferde hoch oben in den Bergen verlässt und wieder den Berg hinuntersteigt, stellt man fest, dass sich die Waldlichtung verändert hat. Ein grünes, an Eichenästen aufgehängtes Netz sorgt für einen schattigen Baldachin über dem auf Böcken aufgeschlagenen Tisch, um den herum man weiße Plastikstühle für 40 Leute aufgestellt hat. Nun trägt die Brise die rauchig-süße Mixtur aus versengtem Holz, brennender Holzkohle und garendem Fleisch herüber, und wenn man dem Duft folgt, sieht man, dass die *festa* begonnen hat.

Jede Menge Fleisch liegt schon auf dem Grill – *salsiccia piccante*, frische Schweinswurst mit scharfem Chili; *carne*, das Wort für »Fleisch«, das man hierzulande zur Bezeichnung von Rindfleisch verwendet; *maiale*, Schweinefilet, das heute, ehe es auf dem Grillrost landete, in Rosmarin und Knoblauch mariniert wurde. Schon jetzt lassen es sich die Waldarbeiter schmecken, die seit Tagesanbruch am Berg sind. Später wird man zum festlichen Mittagessen noch mehr Fleisch grillen. Und den Höhepunkt des Mahls wird das geschmorte Zicklein bilden, das man weiter unten am Berg, im Haus eines Schäfers zubereitet, der es auch geschlachtet hat. Sobald es fertig ist, werden sie es mit dem Auto heraufbringen. Und dann wird man mit seiner Sauce die Pasta für den *primo* befeuchten und im Anschluss die Fleischstücke als *secondo* servieren.

Inzwischen treffen in Zweier- und Dreiergruppen die Gäste ein: alte Männer, die vom Feld kommen, begleitet von ihren Söhnen und Enkeln; Parkaufseher, die sich um die Flora und Fauna der Aurunker Berge kümmern, Gemeinderäte. Freunde, Nachbarn, Kollegen, die zusammenkommen, um die Früchte der Forstarbeit zu feiern. Die aufgebockte Tischplatte ist mit weißen Plastiktellern, Besteck und Bechern gedeckt; die Gäste widmen sich gerade den Antipasti, essen Oliven und Käse und trinken Rotwein mit einer Spur von Rauheit – den besten Wein, den man zu holzgeräuchertem Fleisch nur trinken kann. Es wird gescherzt, gelacht und wie immer bei italienischen Zusammenkünften, bei denen auch gegessen wird, ist eine spürbare Vorfreude auf die erwarteten Tafelfreuden wahrzunehmen: Man erinnert sich, wie gut die Zickleinsauce bei der *festa* im Vorjahr geschmeckt hat, prophezeit, wie köstlich sie ganz sicher auch heute munden wird.

Mit weißer Kochmütze auf dem Kopf steht Luigi Papa am Grill, während er gleichzeitig einen Metallbottich im Auge behält, in dem – über einem offenen Feuer – das Salzwasser sprudelt. Die Zickleinsauce ist bereits unterwegs, und das Wasser wartet auf die 6 Kilo Pasta, die in den 15 Litern Wasser gekocht werden sollen. Er zeigt mir den Löffel, mit dem er die Pasta umrühren wird; der geschnitzte Aufhänghaken am Griff entspricht ganz dem traditionellen Stil Campodimeles. Er stammt aus längst vergangenen Zeiten, hat bereits Luigis Mutter gehört und ist riesengroß – mehr als 70 Zentimeter lang: ein Löffel wie aus dem Märchen.

Die Sauce ist gut – finden alle. Die auf Tomatenbasis beruhende Sauce enthält reichlich Petersilie und Zwiebel, und der an Wild erinnernde Geschmack des Zickleins haftet an jeder Nudel. Der nächste Gang ist sogar noch besser – große Stücke Zickleinfleisch, viel davon noch am Knochen, das intensiv nach den Aromen der Bergweide schmeckt und an den fettigen Rändern ganz süß wird.

Erfrischender grüner Salat, Schüsseln frischer Früchte, süße *crostate*, große flache Torten, mit *amarene*, Aprikosen und Schokoladencreme gefüllt – der Festschmaus folgt den vertrauten Mustern sich in die Länge ziehender italienischer Mittagessen. Die Umgebung trägt auf schönste Weise zur Fröhlichkeit der Feier bei. Die Sonne steigt auf ihren höchsten Punkt, sinkt dann allmählich, um schließlich nicht nur über dieser *festa*, sondern auch über der diesjährigen Holzernte unterzugehen. Aus dem Wald ertönen die Glocken der Pferde, die man auf die Lichtung hinausführt, damit sie den Applaus der Männer entgegennehmen, die heute unter der Sommersonne ihre Arbeit gefeiert haben. Später wird man sie losbinden, so dass sie während der Sommermonate ungehindert die Hügel durchstreifen können; man wird sie im Schatten der Laubdächer antreffen oder ihnen auf dem Bergpfad nach San Onofrio begegnen. Bis es dann wieder Herbst wird, Öfen und Herde erneut Tag für Tag beschickt werden müssen und die Pferde zum Holzeinschlag zurückkehren.

Primo di pappardelle al sugo di capra e secondo di capra – Pappardelle mit Zickleinsauce, gefolgt von geschmortem Zicklein

In diesem Aus-eins-mach-zwei-Gericht dominieren die *odori* in der Pasta, und das Fleisch steuert eher die Hintergrundnoten bei – während im *secondo* das Fleisch der Star ist und die Kräuter, in denen es gegart wurde, das Gericht lediglich intensivieren. Geschmortes Zicklein hat man in Campodimele traditionell zu Hochzeiten zubereitet.

1,5 kg Zickleinstücke – Unterschenkel mit Knochen und Hals eignen sich gut
  für dieses Gericht
3 kräftige Spritzer Olivenöl extra vergine
2 mittelgroße Zwiebeln, fein gehackt
6 Zweige glatte Petersilie
1 kräftiger Schuss guter Weißwein
Feines Meersalz
1 Portion frische Eier-Pappardelle, siehe Rezept Seite 63, oder
  400 g pappardelle
1 l selbsteingekochte Tomatensauce (siehe Seite 280)

Zickleinfleisch kann zuweilen ein wenig streng schmecken, so dass man, um dies zu vermeiden, dem Fleisch dabei helfen sollte, *cacciare l'acqua*, das heißt, »sein Wasser zu jagen«, also einen großen Teil seines Flüssigkeitsgehalts und damit seines intensiven Aromas loszuwerden. Dazu das Fleisch zusammen mit ein, zwei Gläsern Wasser in einen tiefen weiten Topf geben.

Das Ganze zum Kochen bringen und anschließend etwa 20–30 Minuten sachte köcheln lassen.

Dann das Fleisch herausheben, das Kochwasser wegschütten und den Topf ausspülen und abtrocknen.

Nun in dem Topf das Öl erhitzen, und sobald es heiß genug ist, Zwiebel und Petersilienzweige einige Minuten bei starker Hitze sautieren – aber nicht bräunen lassen.

Das Fleisch in den Topf zurücklegen und bei hoher Temperatur rasch einige Minuten von beiden Seiten anbräunen.

Den Wein dazugießen und einige Minuten lang köchelnd reduzieren.

Nun so viel Wasser hinzufügen, dass das Fleisch fast bedeckt ist, ebenso wie drei, vier kräftige Prisen Salz. Hitze heraufschalten, bis das Wasser zu sieden beginnt, dann wieder zurückschalten, Deckel auflegen und das Zicklein etwa 90 Minuten unter gelegentlichem Umrühren und Wenden der Fleischstücke behutsam garen lassen.

Falls man frische *pappardelle* verwendet, sollte man jetzt mit der Teigherstellung gemäß den Anweisungen auf Seite 63 beginnen. So bleibt genügend Zeit, den Teig ruhen zu lassen und zu schneiden, ehe das Zicklein gar ist. Die Nudelbänder nach dem Schneiden mit Mehl bestäuben und mit einem sauberen Geschirrtuch abdecken.

Wenn das Zickleinfleisch beim Einstechen der Gabel leicht nachgibt, Tomatensauce dazugießen und nochmals etwa 40 Minuten sanft köcheln lassen. Sollte die Sauce zu stark eindicken, etwas kaltes Wasser hinzufügen, um sie zu verdünnen. Das Fleisch aus dem Topf auf eine vorgewärmte Servierplatte legen und warm halten.

Die Fleischsauce nun als Pastasauce verwenden. In einem großen Topf Salzwasser zum Sieden bringen und die frischen Eier-*Pappardelle* in etwa 2–3 Minuten al dente kochen – oder die getrockneten *pappardelle* nach Packungsanweisung garen. Die Nudeln abgießen und in den Saucentopf geben, vorsichtig umrühren, so dass jede Nudel mit Sauce überzogen ist. In vorgewärmten Pastatellern servieren.

Danach das Zickleinfleisch mit viel knusprigem Brot und gedämpftem grünem Blattgemüse wie *broccoletti* oder Zichorie als zweiten Gang servieren.

Für 4–6 Personen.

Maiale alla griglia con rosmarino e aglio –
Gegrilltes Schweinefilet mit Rosmarin und Knoblauch

Alla griglia heißt so viel wie »gegrillt«, doch dieses Gericht schmeckt auch ganz köstlich, wenn man es in einem gewöhnlichen Backofengrill zubereitet.

2 Schuss Olivenöl extra vergine
4 Knoblauchzehen, in feine Scheiben geschnitten
2 Rosmarinzweige, zerkleinert
4 Schweinefilets

Öl, Knoblauch und Rosmarin mit dem Schweinefleisch in eine flache Form geben und darauf achten, dass das Fleisch ringsum mit Öl überzogen ist.

Abdecken, mindestens 2 Stunden in den Kühlschrank stellen und währenddesssen gelegentlich wenden.

Das Fleisch eine halbe Stunde vor dem Garen aus dem Kühlschrank nehmen, damit es sich wieder auf Raumtemperatur erwärmen kann.

Nun jeweils etwa 3–4 Minuten von jeder Seite grillen, bis es durch und durch gar ist.

Für 4 Personen.